信息科学与技术丛书

区块链浪潮：
连接技术与应用

贾英昊　江泽武　等编著

机械工业出版社

本书编写的主要目的是向读者揭示"区块链技术可以做哪些事情""哪些行业适合应用区块链技术""区块链技术未来将走向何方"。全书分为区块链技术篇、应用场景篇、现状与展望篇三部分。全书首先介绍区块链技术进展，再就各行业的应用进行具体分析。书中内容并未停留在浅显的技术说明上，而是通过讲解技术原理，就技术的难点、未来发展方向等给出独立见解。本书是哈希研究院多位研究者在区块链行业实践、探索、深度思考的总结和提炼。

本书面向的读者主要是已具有区块链技术基础知识，希望进一步了解技术发展脉络的业内人员，以及对区块链感兴趣、希望探索区块链技术在实际项目落脚点的从来者。

图书在版编目（CIP）数据

区块链浪潮：连接技术与应用 / 贾英昊等编著. —北京：机械工业出版社，2019.1（2020.1重印）

（信息科学与技术丛书）

ISBN 978-7-111-62296-3

Ⅰ. ①区⋯ Ⅱ. ①贾⋯ Ⅲ. ①电子商务－支付方式－研究

Ⅳ. ①F713.361.3

中国版本图书馆 CIP 数据核字（2019）第 049404 号

机械工业出版社（北京市百万庄大街22号 邮政编码100037）
策划编辑：杨 源　　责任编辑：杨 源
责任校对：张艳霞　　责任印制：张 博
北京铭成印刷有限公司印刷
2020年1月第1版·第2次印刷
169mm×239mm · 13.5 印张 · 236 千字
标准书号：ISBN 978-7-111-62296-3
定价：59.80元

凡购本书，如有缺页、倒页、脱页，由本社发行部调换
电话服务　　　　　　　　　　　　　网络服务
服务咨询热线：（010）88361066　　机 工 官 网：www.cmpbook.com
读者购书热线：（010）68326294　　机 工 官 博：weibo.com/cmp1952
　　　　　　　　　　　　　　　　　金 书 网：www.golden-book.com
封面无防伪标均为盗版　　　　　　　教育服务网：www.cmpedu.com

序 一

毫无疑问，区块链是一个伟大的发明，它似乎有种魔力，吸引着一大批人孜孜不倦地探索它的奥秘。我拿到这份书稿时，正是全国两会期间，区块链和人工智能一起成为两会热议的话题，发展区块链等战略性新兴产业已经成为各级政府的共识。

这本书由贾英昊、江泽武以及其他几位清华大学学生区块链协会的研究者共同编写而成，汇聚了这批年轻人对于新兴技术的极大热情。作为最早关注区块链技术并率先成立高校区块链协会的清华人，他们坚持做了很多区块链理论与实践的创新尝试，看到他们即将把过去沉淀的关于区块链探索的成果整理出版、惠及广大读者，作为协会的指导老师，我由衷地祝贺他们，并为他们感到骄傲。

经历了2018年的非理性热潮之后，在国家的引导和市场的净化作用下，人们对区块链的认识正逐渐回归理性。但如何帮助大家正确认识区块链，还有很多工作要做。很多人仍然对区块链知之甚少，容易盲目受他人观点影响，甚至很多已经在做区块链创新工作的人，面对周遭环境变化，也常常会动摇信心。人们需要一盏指路明灯，帮助人们透过眼前的重重迷雾看清背后的本质。

本书深入浅出地阐述了区块链技术原理和发展路径，涉及了计算机系统、密码学、经济学、博弈论、计算机网络等多门复杂学科，在体现专业性的同时，兼顾了可读性。区块链在不同场景中的应用是大家最为关心的，也是本书中最有意思的部分，书中对区块链在泛金融、供应链、公益、数字身份、版权、医疗、共享经济、游戏、社交、能源等多个领域的应用进行了分析和总结，相信会对读者有所启发。

就像书中提到的一样，当前区块链的发展仍面临着诸多技术上的挑战和应用中的困难。我特别希望能有更多的人才加入探索的队伍中，也祝愿清华大学学生区块链协会未来取得更大的成绩。

清华大学计算机系副主任　徐恪

序　二

区块链是一个新兴又很综合的领域，容易让很多人望而生畏。本书分了区块链技术、应用场景、现状与展望三个部分，从技术到应用，从介绍到探讨，从现状到未来，系统阐述了区块链技术的原理，以及对经济、社会可能带来的改变。本书不仅指出了区块链技术的优势与潜力，也提出了行业目前面临的阻碍与限制，论述系统全面，行文简明清晰，是一本让人对区块链行业有较为全面认知的佳作。

当前飞速发展的数字经济依托的仍是数百年前的股份制、复式记账法等，其无法适应日新月异的产业特征的弊端正在显现出来。区块链本质是互利共赢，实现对生产关系的重要重构，凭借公开透明、不可篡改的技术保障，通过价值传输、通证经济将各方市场参与者的利益统一起来，解决了传统经济模式下市场参与者潜在利益冲突对立的问题，是一种更加灵活有效的市场机制。读完本书，您对此也许会有更多的理解。

区块链带来的生产关系重构正在应用场景落地中显现出价值来。本书梳理的泛金融、供应链、公益慈善、数字身份、版权保护、医疗健康、共享经济、游戏、社交、能源等领域也正在不断有应用项目落地。火币区块链研究院曾根据区块链应用的泛化与深入程度，提出 4 层应用层级模型（分布式账本、价值传输网络、通证激励体系、资产数字化），与书里所提的信息区块链化、价值区块链化、场景区块链化也可大致对应起来。

区块链技术作为一项新兴技术有着旺盛的生命力，而且分层、跨链、分片等各种新技术的探索与应用正层出不穷，以提升区块链系统的性能与易用性。同时也要看到，区块链行业发展是一个全面的系统性工程，包括技术进步、民众认知、监管配套等多个方面，行业发展将是一个循序渐进的过程，正如过去几十年互联网在低认知与不确定中发端到如今全面融入人们的日常生活。在人们仰望星空的同时，应该脚踏实地去认知并推动区块链行业的发展，迎接终将到来的区块链浪潮。

火币中国 CEO　袁煜明

序　三

科技与互联网的结合带来了生产力的极大解放，但同时也引发了许多混乱。区块链开启了一个新时代，它不仅仅是一项新技术，更是一种新的思维方式，它让互联网真正有可能变得可信且有秩序。这是数字科技和信息社会高度发展后所引发的必然结果。有了区块链技术，过去只有通过各种传统方式，以及烦琐的制度、工作流程和人工投入才能够有效解决的身份认定、权属确认、可信交易、信用流转、隐私保护、遵守协议约定等问题，现在通过技术手段就能够平滑地迁移到互联网上，并且做得更好、更高效，从而使互联网变成一个可以承载业务（不仅仅是信息）的场所。

不得不承认，区块链概念的提出者中本聪非常有远见，他深刻理解人类信用体系的本质，也看到了互联网的弱点。他围绕着数字货币场景，创造了一个堪称"完美"的比特币技术体系，运用密码学、分布式计算、博弈论等本就存在的技术，构建了一个去中心化、分布式存储、不可篡改、可追溯的账户和交易系统，并发明了"挖矿"这种既能够产生货币激励，同时又能维持整个生态系统良好运转的高明机制。后来者以太坊更是发明了智能合约，使得更复杂的任务可以用"代码"来保证自动和"正确"执行。

比特币早期成功地吸引了一批技术极客的认同和跟随，进而在几年后，随着资本的大规模介入，数字货币奇迹般崛起，整个世界都开始关注和追捧，特别是技术本身的迭代演进，以及各种新应用场景的开发，开始得到普遍重视。前些年，由于人性的投机和贪婪，打着区块链技术名义的数字货币泡沫爆发而来，又快速消退。初衷本是建立信任的区块链技术，一度被一些人神圣化，人们认为它无所不能，后来滥发币的欺诈本质被揭穿，又被一些人妖魔化，这些人认为它不过是一场骗局或者技术极客的"乌托邦"。

一项革命性的技术，其生命力必然是强大的，泡沫破裂后，人们开始沉思。互联网上的"信任机器"如何建立，已经悄然地有了方法论和实践基础；对技术本身的局限性和面临的挑战也有了清晰的认识，并开始了积极探索。互联网的混乱、传统信任体系的低效、诸多的痛点和巨大的应用前景、政府和商业企业的高度重视，期待务实的区块链技术和有识之士再度创造奇迹。

本书是清华大学的几位杰出学子历经一年时间，结合自身对区块链的理解和创业经历，精心编写的一部不可多得的好作品。本书深入浅出地介绍了区块链技术的要点、流派和各种主流应用场景，特别难得的是，对一些概念理解和常见误区，都提出了自己独特的见解，并结合实例给予分析和探讨。

相信阅读后，读者能够对区块链到底是一种什么样的技术，它还有哪些问题和挑战，它为什么能够解决信任问题，它是否能被运用于许多真实的场景，以至于如何构建一个基于区块链的应用来解决实际问题，都会有一个比较清晰、全面的认识，进而成为区块链的"知者"。

邸烁
北京阿尔山区块链联盟科技有限公司 CEO
清华大学计算机专业博士
前 Google 技术总监

前　言

第二次世界大战结束后，人们深刻感受到科学研究转化为应用所产生的巨大力量。这种力量不仅改变大众的日常生活，并更进一步改变国家发展路径，以及全球的政治经济格局。随着电子、计算机技术在全球的迅速发展，密码学和通信技术也取得了极大的进步。

1949 年，Shannon 发表了《保密系统的通信理论》，奠定了密码学的数学基础。1976 年，Diffie 和 Hellman 发表了《密码学的新方向》，对密钥协商、数字签名等问题提出了崭新的思路，指明了整个密码学迄今的发展方向。

随后 RSA 算法、Merkle-Tree 数据结构、拜占庭将军问题、椭圆曲线加密算法等研究，标志着现代密码学基础理论和技术的确立，密码学货币的概念应运而生。随着 2008 年中本聪《比特币：点对点的电子现金系统》论文发表，综合各种技术的比特币项目于 2009 年 1 月产生第一个区块，在此后逐渐走入大众视野。其后以太坊、EOS 等项目的飞速成长，不断刺激着区块链生态的蓬勃发展。目前，区块链的应用已涵盖大部分行业，人们已能享受到便捷的快速跨境支付、购买可追根溯源的安全食品等。

从古代的结绳记事、近代的复式记账，再到互联网与线下实业的结合，每一次价值流通方式的改变，都带来人类经济体系的重大变革。区块链技术的进步，带来一种分布式、社群化、通用、实时的记账方式。这个体系允许人们对所有有益于社群的行为进行激励，使创造价值和分享价值的方式变得前所未有的流畅。人们得以想象一个开放、自由、可信任、共享共赢的价值体系，这种组织方式可以完全释放出人们的生产力和创造力，其威力将席卷目前社会上所有存在交易场景的领域。

纵观区块链行业发展的历史，技术始终起着先导和引领的作用，技术发展亦始终与经济、工业的需求紧密结合。我们专注于区块链技术的发展，探寻科技进步的路径和方向；同时对各个行业展开细致分析，指出行业痛点，让科技助力行业进一步发展。我们希望探寻科技浪潮下行业的跳动脉搏。

本书在第一部分"区块链技术篇"，将从对技术的分析开始，围绕区块链的数据结构、共识机制、密码学等内容进行研究，指出技术路径和未来方向。在第二部分"应用场景篇"，将从供应链、泛金融、共享经济等领域，对区块链与行业的结合进行探索，叙述技术应用的可能性与解决方案。在第三部分"现状与展望篇"，将分享对区块链特定问题的思考，探寻区块链未来发展的机遇。

区块链技术在发展过程中仍存在挑战，如矿机、矿池的出现，使比特币某种程度上与集中化的银行变得类似；一些区块链项目因代码不完善而遭受黑客攻击；业内也曾出现一些不理性的声音。市场会有喧嚣的时候，也会有沉寂的时候，但无论何时，总需要有人坚定、专注地行动，用行动推动进步。

在挑战与机遇并存的未来，我们相信市场终将回归理性，回归本位价值。探求技术的进一步发展，探索行业的前进方向，正是对价值回归的支持和推动。市值的变化，不一定能完整地反映行业的情况；行业的进步，在于实实在在地提供更美好的生活，拓展人类的视野，拓宽知识的边界。

我们关心在市场背后推动行业进步的真实力量，相信那些专注于技术、专注于落地场景的项目，终会以更坚定、更强大的姿态出现在大众面前。经过沉寂、酝酿，相信区块链领域将涌现出更多应用，区块链技术也将迎来广阔的发展天地；而我们所在的此刻，或许正是不远处巨大浪潮的先声！

哈希研究院

目 录

序一
序二
序三
前言

第一部分——区块链技术篇

第1章 区块链技术概览 / 2

1.1 区块链的基本介绍 / 2
1.2 区块链的核心技术 / 3
1.3 区块链的特点 / 5
1.4 区块链的分类 / 6
1.5 本书导读 / 6

第2章 P2P网络 / 8

2.1 P2P网络的概念 / 8
2.2 比特币中的P2P网络 / 9
2.3 P2P网络的局限性与权衡 / 10

第3章 数据结构 / 11

3.1 分布式账本 / 11
3.2 区块和链 / 11
3.3 并行处理的探索 / 13

第4章 共识机制 / 15

4.1 技术的边界 / 15
4.2 公有链的常用共识机制 / 16

    4.3 联盟链的常用共识机制 / 17
    4.4 共识的成本 / 18

第 5 章 哈希函数 / 20

    5.1 哈希函数的特性 / 20
    5.2 用途一：交易信息的压缩和验证 / 21
    5.3 用途二：工作量证明 / 21
    5.4 用途三：比特币钱包地址 / 22
    5.5 小结 / 23

第 6 章 零知识证明 / 24

    6.1 零知识证明原理 / 24
    6.2 区块链中的零知识证明应用 / 25

第 7 章 哈希时间锁协议 / 28

    7.1 互联网上的"跳蚤市场" / 28
    7.2 交易示例 / 29
    7.3 局限性 / 30

第 8 章 分片技术 / 33

    8.1 数据分片的概念 / 33
    8.2 传统数据库的分片方式 / 33
    8.3 分片中的一致性挑战 / 34
    8.4 区块链技术下的分片方式 / 35
    8.5 小结 / 36

第 9 章 空间证明共识算法 / 37

    9.1 当前共识算法存在的问题 / 37
    9.2 空间证明的原理 / 38
    9.3 质量函数 / 39
    9.4 小结 / 40

第 10 章 Mimble-Wimble 技术 / 41

    10.1 无声无息之咒 / 41
    10.2 实现原理 / 42

第二部分——应用场景篇

第 11 章　区块链行业应用概述 / 45

11.1　区块链的行业应用 / 45
11.1.1　区块链的应用现状 / 45
11.1.2　行业区块链化需要具有的特征 / 45
11.2　区块链应用的挑战和趋势 / 46
11.3　区块链应用的展望 / 49

第 12 章　泛金融领域：天然契合 / 51

12.1　泛金融领域现状 / 51
12.1.1　基本概念 / 51
12.1.2　泛金融领域存在的问题 / 52
12.1.3　泛金融领域的发展趋势 / 53
12.2　区块链+泛金融领域 / 54
12.2.1　区块链+泛金融的可行性简析 / 54
12.2.2　区块链+泛金融的优势 / 59
12.2.3　区块链+泛金融的阻碍和限制 / 61
12.3　小结 / 62

第 13 章　供应链：链式协同 / 63

13.1　供应链现状 / 63
13.1.1　基本概念 / 63
13.1.2　供应链存在的问题 / 65
13.1.3　供应链的发展趋势 / 65
13.2　区块链+供应链行业 / 66
13.2.1　区块链+供应链的可行性简析 / 66
13.2.2　区块链+供应链的优势 / 66
13.2.3　区块链+供应链金融 / 70
13.2.4　区块链+供应链的阻碍和限制 / 71
13.3　小结 / 72

第 14 章　公益：共建信任体系 / 74

14.1　公益领域现状 / 74
14.1.1　基本概念 / 74

14.1.2　公益领域存在的问题 / 75

　　14.2　区块链+公益领域 / 77

　　　14.2.1　区块链+公益领域的可行性简析 / 77

　　　14.2.2　区块链+公益领域的优势 / 78

　　　14.2.3　区块链+公益领域的阻碍和限制 / 79

　　14.3　小结 / 80

第 15 章　数字身份：区块链时代的基石 / 81

　　15.1　数字身份现状 / 81

　　　15.1.1　基本概念 / 81

　　　15.1.2　数字身份存在的问题 / 82

　　15.2　区块链+数字身份 / 83

　　　15.2.1　数字身份系统简介 / 83

　　　15.2.2　数字身份系统优势 / 85

　　　15.2.3　区块链+数字身份 / 85

　　　15.2.4　区块链+数字身份的阻碍和限制 / 86

　　15.3　小结 / 87

第 16 章　版权：资本为何争相布局 / 88

　　16.1　版权领域现状 / 88

　　　16.1.1　基本概念 / 88

　　　16.1.2　版权领域存在的问题 / 90

　　　16.1.3　版权领域的发展趋势 / 91

　　16.2　区块链+版权领域 / 92

　　　16.2.1　区块链+版权的可行性简析 / 92

　　　16.2.2　区块链+版权的场景分析 / 93

　　　16.2.3　区块链+版权的优势 / 95

　　　16.2.4　区块链+版权的阻碍和限制 / 96

　　16.3　小结 / 97

第 17 章　医疗：数据为王 / 99

　　17.1　医疗健康领域现状 / 99

　　　17.1.1　基本概念 / 99

　　　17.1.2　医疗健康领域存在的问题 / 100

　　　17.1.3　医疗健康领域发展趋势 / 101

17.2　区块链+医疗领域 / 102
  17.2.1　区块链+医疗领域的可行性简析 / 102
  17.2.2　区块链+医疗领域的优势 / 103
  17.2.3　区块链+医疗领域的阻碍和限制 / 104
17.3　小结 / 105

第18章　共享经济：实现真正"共享" / 106

18.1　共享经济领域现状 / 106
  18.1.1　基本概念 / 106
  18.1.2　共享经济存在的问题 / 109
  18.1.3　共享经济领域的发展趋势 / 110
18.2　区块链+共享经济领域 / 110
  18.2.1　区块链+共享经济的可行性简析 / 110
  18.2.2　区块链+共享经济的场景分析 / 111
  18.2.3　区块链+共享经济的优势 / 113
  18.2.4　区块链+共享经济的阻碍和限制 / 114
18.3　小结 / 115

第19章　游戏：机会还是泡沫 / 117

19.1　游戏领域现状 / 117
  19.1.1　基本概念 / 117
  19.1.2　游戏领域存在的问题 / 118
19.2　区块链+游戏领域 / 119
  19.2.1　区块链+游戏领域的可行性简析 / 119
  19.2.2　区块链+游戏领域的优势 / 120
  19.2.3　区块链+游戏领域的阻碍和限制 / 121
19.3　小结 / 122

第20章　社交：解决用户痛点 / 123

20.1　社交领域现状 / 123
  20.1.1　基本概念 / 123
  20.1.2　社交领域存在的问题 / 124
20.2　区块链+社交领域 / 126

　　　　20.2.1　区块链+社交领域的可行性简析 / 126

　　　　20.2.2　区块链+社交领域的优势 / 127

　　　　20.2.3　区块链+社交领域的阻碍和限制 / 128

　　20.3　小结 / 129

第 21 章　能源：或是伪区块链应用 / 131

　　21.1　能源行业现状 / 131

　　　　21.1.1　能源行业基本概念 / 131

　　　　21.1.2　部分国家电力能源现状对比 / 132

　　　　21.1.3　能源行业存在的问题 / 132

　　　　21.1.4　能源行业的发展趋势 / 132

　　21.2　区块链+能源行业 / 133

　　　　21.2.1　区块链+能源的可行性分析 / 133

　　　　21.2.2　区块链+能源的优势 / 135

　　　　21.2.3　区块链+能源的缺点和限制 / 135

　　21.3　小结 / 137

第三部分——现状与展望篇 / 139

第 22 章　为什么说区块链是数字时代生产关系的革命 / 140

　　22.1　数字时代，各个行业为何终究走向垄断？ / 140

　　22.2　垄断预期下，社会、用户和创业者的窘境 / 141

　　22.3　区块链——"将蛋糕分好"的利器 / 142

　　22.4　区块链时代的"免费逻辑" / 143

第 23 章　区块链发展的三个阶段 / 145

　　23.1　信息"区块链化"，解决信息割裂问题 / 145

　　23.2　价值"区块链化"，实现交易"去中介化" / 146

　　23.3　场景"区块链化"，降低整个体系的熵 / 148

　　23.4　小结 / 149

第 24 章　区块链重塑共享单车行业 / 150

　　24.1　失效的调度：供需不匹配与损失厌恶 / 150

24.2 商业逻辑：购车与租车的平衡与共赢 / 151

第 25 章　区块链破局租房市场迷阵 / 153

25.1 租房市场发展现状 / 153
25.2 破局一——降低信任成本 / 154
25.3 破局二——资产通证化 / 156

第 26 章　区块链构建全新打车场景 / 158

26.1 打车行业发展现状 / 158
26.2 对策一——安全性问题 / 159
26.3 对策二——补贴大战 / 160

第 27 章　资产上链：价值交换新时代 / 162

27.1 资产现状 / 162
    27.1.1 资产的基本概念 / 162
    27.1.2 资产存在的问题 / 164
27.2 资产上链分析 / 165
    27.2.1 资产上链的可行性简析 / 166
    27.2.2 资产上链的优势 / 168
    27.2.3 资产上链的阻碍和限制 / 169
27.3 资产上链及其指标体系设计 / 169
    27.3.1 指标设计的总体思路 / 170
    27.3.2 供给层指标体系设计 / 170
    27.3.3 操作层指标体系设计 / 172
    27.3.4 需求层指标体系设计 / 173
27.4 资产的种类与权力划分 / 174
    27.4.1 资产的种类 / 174
    27.4.2 资产的所有权、使用权和收益权 / 175
27.5 资产上链指标及其应用 / 176
    27.5.1 指标体系的打分原则 / 176
    27.5.2 上链内容的具体讨论 / 178
27.6 小结 / 180

第 28 章　Token 经济及其发展模式 / 182

    28.1　通证经济概述 / 182

        28.1.1　基本概念 / 182

        28.1.2　通证经济的特点 / 183

        28.1.3　通证经济的发展 / 183

    28.2　经济的发展模式 / 184

        28.2.1　通证经济的现状分析 / 185

        28.2.2　通证经济的发展模式 / 187

    28.3　通证经济发展的"痛点" / 190

        28.3.1　区块链技术的发展尚不成熟 / 190

        28.3.2　通证项目落地进程艰难 / 191

        28.3.3　通证经济发展环境混乱，落地不确定性大 / 191

    28.4　小结 / 192

结束语 / 194

附录　具有代表性的通证项目 / 195

第一部分——区块链技术篇

第 1 章 区块链技术概览

1.1 区块链的基本介绍

区块链是一种去中心化的记录技术，形象地说，是一个存储在所有相关的计算机并且可以由任何人进行查阅的大账本。比特币是区块链技术的第一个应用，是一种可全球范围内可交易的数字货币。随着比特币价格的疯狂增长，区块链技术也快速进入大众的视野，并且被不断应用起来，图 1-1 为比特币价格走势。

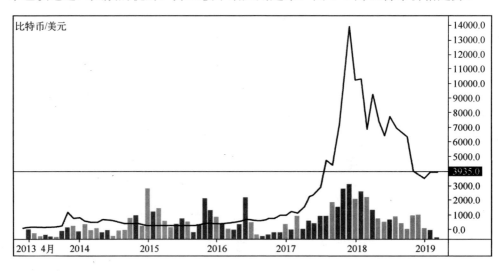

图 1-1　2013 年 4 月到 2019 年 1 月的比特币价格走势

比特币重要的发展历史阶段：
- 2008 年 11 月 1 日，中本聪发布比特币白皮书；
- 2009 年 1 月 3 日，创世区块，挖出第一批 50 枚比特币；
- 2010 年 5 月 21 日，"比特币比萨日"程序员用 1 万枚比特币购买 25 美元比萨；

- 2013年4月13日，一枚比特币价格为266美元；
- 2013年，德国、美国得克萨斯州、印度、加拿大支持比特币；
- 2013年12月5日，中国五部委发布《关于防范比特币风险的通知》；
- 2016年初，中国人民银行明确将发行"数字货币"；
- 2017年12月，一枚比特币价格达到2万美元顶峰，之后逐渐回落。

1.2 区块链的核心技术

1．分布式结构

区块链设计最精妙的地方是，它并不赞同把数据记录并存储在中心化的一台或几台计算机上，而是让每一个参与的节点来完成这些工作，也就是具有分布式结构（图1-2）。这也意味着，在区块链网络中分布着众多的节点，节点与节点之间可以自由连接进行数据、资产、信息的交换，而无须通过第三方中心机构。在大部分区块链项目中，采用的是P2P（Peer-to-Peer，点对点）的网络模式，即各个节点之间保持相同的地位，发挥一样的作用，任意点与点之间可进行通信。

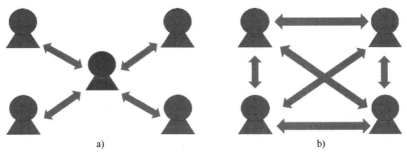

图1-2 中心化结构与分布式结构图
a) 中心化结构 b) 分布式结构

2．区块和链

为了使得账本不可篡改，交易信息的相关数据被存放在区块中。当新的交易数据形成后，这些数据和上一个区块的相关数据被打包进下一个区块中，**每个区块的块头包含指向前一个区块的信息，前后形成链式结构，通过区块头的哈希校验，使得每个区块受下一个区块的保护从而防止篡改**。

区块链浪潮：
连接技术与应用

"区块+链"的形式保存了从第一个区块开始的所有历史数据，连接的形式是后一个区块拥有前一个区块的哈希值，区块链上任何一条记录都可通过链式结构追溯本源（图1-3）。

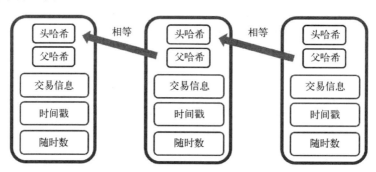

图1-3 区块链结构示意图

3．共识机制

区块链上的共识机制主要解决如下两个问题：如何在去中心化的网络中使得各个节点的信息保持一致，以及当多个计算机（节点）都想参与记账的时候，应该选择谁来记账的问题。解决方案包括工作量证明机制 Proof of Work（PoW），权益证明机制 Proof of Stake（PoS）、股份授权证明机制 Delegated Proof of Stake（DPoS）以及拜占庭容错（PBFT）（表1-1）。

表1-1 四种共识机制的对比

	PoW 工作量证明	PoS 权益证明	DPoS 股份委托证明	PBFT 实用拜占庭容错
简介	这一机制主要应用在比特币中，即通过计算出一个满足规则的哈希值，可获得本次记账权	PoS 为 PoW 的一种升级，将全网公平竞争记账权变为等比例（根据每个节点所占代币的比例和时间）分配记账难度，从而加快寻找哈希值的速度	持币者对整个系统当代表的人进行投票，选出一定数量的人作为代表进行交易打包计算	一种基于消息传递的一致性算法，能在失效节点数量不超过 $(n-1)/3$ 的情况下，同时保证安全性和活性
优点	1. 算法简单，系统可靠 2. 节点间无须交换额外的信息即可达成共识，去中心化 3. 破坏系统需要投入极大的成本	缩短了达成共识的时间	大幅缩小参与验证记账节点的数量，可以达到秒级的共识验证	系统运转脱离币的存在，共识效率高，最大限度确保了最终性，使区块链能够适用于真正的金融应用场景
缺点	1. 浪费能源，慢 2. 区块确认时间难以缩短 3. 容易产生分叉，需要等待多个确认	1. 没有专业化，拥有权益的参与者未必希望参与记账 2. 容易产生分叉，需要等待多个确认 3. 永远没有最终性，需要检查点机制来弥补最终性	整个共识机制还是依赖于代币，很多商业应用是不需要代币存在的	适用于联盟链，一般不适用于公有链

4

4. 数字加密

数字货币的所有权是通过数字密钥、比特币地址和数字签名来确定的。为了解决信息的安全性问题，一般使用非对称加密算法来保证个人数字资产不被盗取。非对称加密使用一对密钥，一个用来加密，一个用来解密，而且公钥是公开的，密钥是自己保存的，在通信前不需要先同步密钥，避免了在同步私钥过程中被黑客盗取信息的风险。公钥和私钥是一对，如果用公钥对数据进行加密，只有用对应的私钥才能解密（图1-4）。

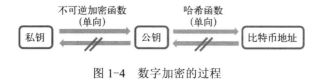

图1-4 数字加密的过程

私钥是随机选出的数字，然后通过非对称加密（椭圆曲线函数）产生一个公钥，最后公钥再通过哈希函数转化成比特币地址。比特币地址是由数字与字母构成，可以与任何人分享。

1.3 区块链的特点

- **去中心化**：由大家共同记账来保证账本的准确性和安全性，整个过程不需要一个中心化的平台；同时甲和乙之间的交易无须两人互相了解，就可以在区块链内有保障地进行。
- **信息完备且公开透明**：决定记账权的共识算法是公开的，除了交易各方的私有信息被加密以外，任何人都可以通过公开的接口查询区块链数据并开发相关应用。
- **不可篡改**：区块链使用了密码学技术来保证区块链上的信息不被篡改，主要用到的是密码学中的哈希函数以及非对称加密。
- **可追溯**：区块链中每一笔交易可以通过链式结构追本溯源，一笔一笔进行验证。
- **隐私信息匿名化**：在区块链上交易的过程是透明的，但是用户的隐私信息却可以得到保护，具有匿名性。
- **自治性**：在没有人为干预的前提下，通过预先设定的业务规则自动运行。

1.4　区块链的分类

区块链分为公有链、私有链和联盟链（表 1-2）。公有链是指全世界任何人都可以参与共识过程、读取信息、发送交易的区块链，通常被认为是"完全去中心化"的。而私有链的写入权限仅仅掌握在一个组织手里，读取权限可以被任意程度地限制。联盟链是指共识过程受到预选节点控制的区块链，可被视为"部分去中心化"。

表 1-2　区块链的分类

	公有链	联盟链	私有链
定义	链上的所有人都可读取、发送交易且能获得有效确认的共识区块链	由某个群体内部指定多个预选的节点为记账人，每个块的生成由所有的预选节点共同决定，其他接入节点可以参与交易，但不过问记账过程	存在一定的中心化控制的区块链，仅仅使用区块链的总账技术进行记账，可以是一个公司，也可以是个人，独享该区块链的写入权限
参与者	任何人	满足条件的成员	中心控制者的成员
中心化程度	去中心化	多中心化	中心化
特点	1. 完全公开 2. 不受控制 3. 依靠加密技术来保证安全	1. 提供迅速的交易处理和低廉的交易费用 2. 很好的扩展性 3. 数据可以有一定的隐私	1. 数据没有无法更改的特性，对于第三方也没有多大的保障 2. 交易速度更快，效率更高

1.5　本书导读

本书由"区块链技术篇""应用场景篇""现状与展望篇"三部分组成。

在"区块链技术篇"，第 2~5 章主要介绍区块链领域的涉及的基础技术。一般可认为区块链技术是 P2P 网络的一种发展，在 P2P 网络架构上，区块链结合密码学等各个学科的研究成果，最终发挥出巨大的威力。而第 3 章数据结构，将解释"区块链"名称的由来，这一名称实际上指向一种存储数据的方

第 1 章
区块链技术概览

式。第 4 章共识机制，将介绍 P2P 网络中各个节点是如何同步信息、记录交易信息的。第 5 章哈希函数，将讲解区块链领域应用最广泛的加密方式——哈希函数，并列出其在比特币项目中的应用。

第 6~10 章主要阐述区块链技术的发展成果。第 6 章零知识证明是一种密码学发展，为隐私保护的研究提供了方向。哈希时间锁协议、分片技术均是力求提高区块链交易信息处理能力的技术。空间证明公式算法、Mimble-Wimble 技术是基于比特币项目的改进，前者旨在提供一种新的共识方式，以减少比特币项目所带来的资源浪费；后者则在隐私保护和减少存储空间两方面有所发展。

基于对技术的了解，在"应用场景篇"，分别介绍了区块链与泛金融领域、供应链行业、公益领域、数字身份、版权、医疗、共享经济、游戏、社交、能源 10 个行业落地的前景。其中，某些行业与区块链技术非常契合，而某些行业则未必如此。在这一篇中，我们力求为读者提供独立、明晰的见解。

在"现状与展望篇"，我们主要用演绎的方法对区块链的未来进行展望和探索，并就共享单车、租房、打车等具体问题进行分析，提出实际的解决方案。我们希望以此为例，向读者展示区块链技术在具体落实层面上可采取的方法，以及将产生的影响。最后，我们以资产上链和通证经济作为结束——我们认为，这是指向区块链未来发展的两个重要方向。

通过三个篇目的介绍，我们希望能使读者对区块链领域有一个全局式的了解。当读者日后再面对浩如烟海的区块链信息时，能够独立思考，抓住问题关键，在免受蒙蔽的同时把握机遇，共同迎接区块链浪潮所带来的巨大变革！

第 2 章 P2P 网络

2.1 P2P 网络的概念

P2P（Peer-to-Peer）网络即点对点网络，是无中心服务器、依靠用户群（Peers）交换信息的互联网体系（图 2-1），是分布式网络的一种。通常而言，该网络中各个节点之间的地位是对等的。与有中心服务器的中央网络 C/S 系统（Client-Server）（图 2-1）不同，**点对点网络的每个节点既是客户端，也是服务器**。节点之间依靠相互间的连接进行信息交流，各节点共享它们所拥有的资源（如磁盘存储空间、网络带宽、处理器使用率等）来提供服务和内容。因此，当新节点加入网络时，整个系统的容量也相应增大。

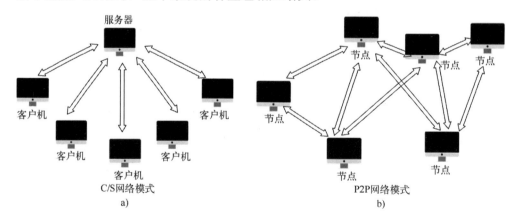

图 2-1 C/S 网络模式和 P2P 网络模式

与 C/S 网络模式相比，P2P 网络尤其适用于共享文件：在 C/S 结构中，资源存储在一个中心服务器里，在固定的带宽下，请求下载的用户越多，平均下来每个用户的数据传输越慢。而对 P2P 网络而言，许多节点存储着同一份文件的副本，当有人需要下载它时，可以同时从多个节点进行下载，而自己已下载的文件，也可同时上传给其他正在下载的节点，因此网络越大，速度越快。P2P 网络充分利用了网络中其他对等节点的带宽，而不只是利用文件来源节点的带宽。

在共享文件方面的成功，使 P2P 网络广受欢迎，但是由于大部分共享的文件是流行音乐和电影，侵权的问题也使 P2P 网络饱受诟病。在一个典型的 **P2P 网络中，数据可以随意复制，副本可以任意保存**。但是资产显然是不可以随意复制、存在多个副本的。中本聪创建的比特币项目，保留了 P2P 网络的"分布式"特征，也解决了资产在 P2P 网络中转移的问题：**资产在不同的地址之间流动，而不是简单"复制"；矿工在交易信息的过程中，将核实资产的去向**。以下将对比特币的 P2P 网络进行具体说明，这一模式或可对使用区块链技术解决版权保护等问题提供启发。

2.2 比特币中的 P2P 网络

在比特币网络中，每个节点可随机连接到其他节点，节点也可随时加入网络或离开网络。整个网络的节点总数是不确定的。各个节点在进行信息更新时，它们并不是实时一致的，而是只需在一定时间内达到一致。也就是说，**部分节点的退出或崩溃，并不会带来整个网络的瘫痪；用户的加入和退出并不会对整体网络产生太大影响**。

节点与节点之间的信息交换，主要以交易广播的方式体现。交易广播通过泛洪（flooding）的方式来实现。具体来说，节点发起一个交易的时候，会将这笔交易的信息告知所有相邻节点，相邻节点将根据存储的历史交易信息校验这笔交易是否可以进行，如果校验通过，这一交易信息会继续接力传播给下一批相邻节点。交易信息会像涟漪一样在节点群里扩散、传播开来。当节点接收到的交易信息与该节点交易池的信息重合，即表明这一信息已经传播一次，这才终止广播。由于每个交易有独一无二的哈希值，通过哈希值查询交易信息是否重复非常方便。

需注意的是，在 P2P 网络中，由于带宽等原因，信息的传递往往是有延迟的。因此不同节点的交易池内容略有不同。如果有人发起双重支付攻击，并且两笔支付到达了同一个节点，诚实的节点将会仅保留一个交易，另一个不再广播，最终网络中不同的节点可能在短时间内存在记录不同交易的分歧，但是没关系，随着时间的推移，共识机制保证了最终只会记录一笔交易，使得双重支付攻击无法成立。

简要而言，比特币项目在 P2P 网络中建立起一个现金支付系统，主要依靠以下因素：**节点之间地位对等；交易信息在节点间以泛洪的方式传播；节点检查交易是否成立；由共识机制确定合法的交易信息。**

2.3　P2P 网络的局限性与权衡

P2P 网络的优势如容错、可扩展的传输速度、数据安全性等，**但在区块链项目中，这是以低交易处理能力为代价的。**目前如火如荼的公链竞争中，许多项目都在交易处理能力上大显身手（例如宣称"每秒可处理过万笔交易"等），也从侧面表明了这是现有区块链技术尚待解决的问题。事实上，随着越来越多的节点被添加到其网络中，信息在节点间的传输延迟逐渐积累，信息传播至全网络所需的时间越来越长。因此，P2P 网络项目均需在**低交易吞吐量和中心化之间进行权衡**。当设置少部分"超级节点"进行交易信息的校核时，可提高交易信息的处理效率，但同时也使得网络变得中心化。在一个所有节点的地位都相同的网络中，**所有节点都进行了交易的校验，将造成一定程度的重复劳动与资源浪费。**

区块链技术令人兴奋，与其去中心化的特点有很大关联，而去中心化很大程度上是由 P2P 网络作为基础的。P2P 网络是一个非常均衡的构想，然而也需要付出一定的资源作为代价。在均衡的网络与提高工作效率之间，尚需进行取舍。建立一个高效率的点对点网络，还需要我们共同在通信技术上继续进步。

第 3 章 数据结构

3.1 分布式账本

在传统的账本系统中，所有用户的交易信息都写在同一个账本上，由此来保证用户之间不出现冲突的交易信息。而这个账本的记录、检索一般交由可信任的第三方机构进行（如银行）。在这类系统中，所有用户向第三方机构支付信任费用，由机构保证账本不被恶意篡改。这是一种中心化的体系，好处是机构可以集中处理大量交易信息，但同时所有交易行为都不得不经过机构的处理，用户在一定程度上将受到机构的控制。

而区块链技术则提出一种分布式账本的架构，把第三方机构从系统中剔除，让人与人之间可以直接进行交易。区块链的解决思路是让所有用户都拥有一个账本，所有用户都参与到记账的过程中。然而这样也带来一个问题：如何确保所有用户拥有的是同一个账本？如何保证账本信息的一致性？

在区块链中，交易信息是向全网络广播的，每个节点都能接收到交易信息。由此，**账本信息的一致性问题，实际上变成一种"唯一性"问题**，只要设计一种规则，确保只有唯一一种交易信息能通过筛选保留下来，即可保证各个用户记录下来的是同一种信息。

而"区块"和"链"就是实现这种唯一性的数据结构。

3.2 区块和链

区块存储的是一段时间内的交易信息，实际上是对交易信息的一种封装；

在比特币里,一个区块可存储约 3000 笔交易信息。一旦这个区块被确认,3000笔交易就一同被确认了。如果不对交易信息进行封装,每次确认一笔交易,则需要高频的确认操作,效率较低。

每个区块包含指向上个区块的地址信息,如此环环相扣,形成从最新区块到创世区块的一条"链"。不同的共识机制,提供不同的方案来产生新的区块;有时候,同一时段内有可能产生 2 个(或更多)内容不同的区块,这就是"分叉"(图 3-1)。不同的区块之后,各自又会产生新的区块,而使各个链条有所延长。但一般而言,链条延长的速度是不同的。绝大部分区块链项目都遵循"选最长链作为主链"的规则,这一规则可保证即便出现分叉,在一定时间后,总能有一条链条是公认的"主链"(图 3-1)。

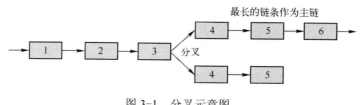

图 3-1 分叉示意图

由于最长链是唯一的,所有用户都将把同一链条记录在本地数据库上,这就保证了账本的唯一性,也就解决了账本一致性的问题。

此外,链式结构还带来一个好处。所有的区块都通过"链"连接在一起,形成了一个紧密的整体。如果黑客想要篡改历史上的某笔交易内容,则需要篡改交易所在的区块;黑客无法创造一个新的区块并直接进行替换,而需要把从这一区块直至最新区块的整个链条都重新替换(在比特币中,也就是从需要修改的区块开始重新挖矿,连续挖出此后的所有区块,并在进度上最终超过其他所有矿工,创造一条新的最长链),代价高昂。由此可避免篡改交易等攻击。

然而这种数据结构仍然存在问题:数据处理能力较低。在区块链中,为了避免存在冲突的交易信息(不允许持续分叉),也为了保证账本的一致性(需选出唯一的链),区块链采用的是最长单链结构。由于每次只能新增一个区块,在 P2P 网络中,区块信息的传播、确认需要时间,而区块的容量有限,这就使得一段时间内,能记录的交易信息存在上限。可见,"**数据处理能力低**"实际上是**满足一致性要求而付出的代价**。目前比特币区块链平均一秒只能处理约 7 笔交易,与中心化的电子支付系统存在较大差距。

第 3 章
数 据 结 构

3.3 并行处理的探索

为解决数据处理能力低（交易吞吐量小）的问题，一个重要的思路是让多笔交易同时并行处理。侧链技术通过对主链上的款项进行锁定、解锁的操作，可把不同的区块链进行连接（图 3-2），扩充了交易处理的空间。而分片的思路则是把用户划分为不同的片区，每个片区里的交易可以独立验证、并行进行，而跨片区之间的交易则需进行额外处理（图 3-3）。**在侧链、分片技术中仍存在主链，两者均是通过限制交易的灵活性**（如款项被冻结、交易的对象受限等），在保障安全的前提下，满足账本的一致性。

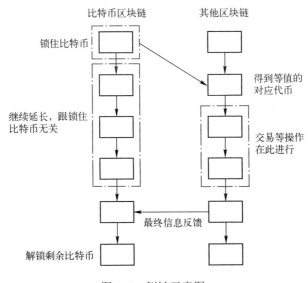

图 3-2　侧链示意图

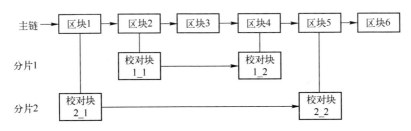

图 3-3　分片技术示意图

而另一方面，**DAG（Directed Acyclic Graph，有向无环图）则是对另一种数据结构形式的探索**。在一般的区块链项目中，所有节点保存的信息都是相同的；而采用 DAG 技术的项目，则允许各个节点保存不同的信息。在 DAG 中，区块可以随时产生，而一个区块与多个父区块进行连接（图 3-4）。这样一来，所有人可以随时记账，交易信息的记录速度大为提高。

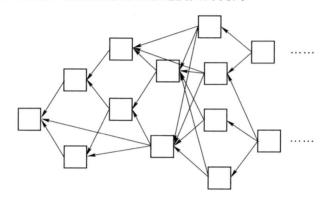

图 3-4　DAG 示意图

然而由于多个区块同时产生，且均有效，**DAG 无法以"唯一最长链"来保证一致性**。在这方面，有的项目以"历时性"来保证 DAG 上账本的一致性。具体而言，在 DAG 中一个新区块将随机选择两个次新的区块进行连接，同时对与之相连的所有区块进行交易信息的验证。经历了多次验证的区块，其交易内容存在冲突的可能性很低，可被认为是已确认的交易信息。这一方案里，一致性的验证依赖于区块网络的延伸和增长。

其他项目则以"全连接"来保证账本一致，即每个新的区块都与之前所有区块相连，并验证此前的所有交易信息。还有的项目以"次序"来保证一致性，由区块递归投票来确认新的区块等。

DAG 带来吞吐量的提高，然而"一致性"始终是个有待解决的复杂问题，目前问题的解决都需要付出一些代价：可能是交易信息的确切验证时间有所延误；也可能是节点与节点之间需要进行大量的网络通信，使得实际交易速度仍有待观察。

归根到底，**分布式账本的"一致性"问题，是一个平衡的问题**。不妨说"一致性"是一个系统目标，而达成这一目标需要付出相应的资源，因此或牺牲交易速度，或限制交易的灵活性，或延后确认时间，或提高对全网的传输要求，都是不同系统条件下进行的适应性选择。相信上述提及的不同技术，将在不同的应用场景下，得到进一步的探索和验证。

第 4 章 共识机制

在 P2P 网络中，各个节点地位相同，节点之间进行信息传输；在一个分布式账本中，需要保证各个节点之间存储的内容相同。而"共识机制"则是使各个节点内容相同的一种解决方案。在 P2P 网络里，有可能存在节点性能下降、网络拥塞等情况，使得系统中传播了错误的信息。**因此在设计共识机制时，要默认系统中存在不可靠的节点。**从算法的角度，这些机制的设计本质上是基于经济利益的博弈，使得诚实记账所获的收益，大于进行恶意破坏的收益，这样一来即可保证绝大部分人的合作。

4.1 技术的边界

人们在设计一款新产品时，都必须了解当下技术的边界：哪些技术已经可以完全使用了，哪些技术还要等待一段时间。对于需要等待的技术，人们不得不在之后再进行考虑。当然，科学和技术有一些不同，科学研究可以给出理论上的极限边界，而从工程设计的角度更多考虑的是如何在大概率情况会出现的大致边界内，整体上做到最好。这类似于一种优化问题，需要知道给定的约束条件，才能正确地求解。

就共识机制而言，前人的研究已经给出了两个重要的边界：
- Fischer-Lynch-Paterson 定理：它证明了在一个多进程的异步系统中，只要有一个进程不可靠，那么就不存在一个协议，此协议能保证有限时间内使所有进程达成一致；
- CAP 原理：分布式计算系统不可能同时确保一致性（Consistency）、可用性（Availability）和分区容忍性（Partition tolerance），设计中往往需要弱化对某个特性的保证。

其中一致性是指系统中服务节点对于处理结果达成的一致；可用性是指在有限时间内，任何非失败节点都能应答请求；分区容忍性是指网络可能发生分区，使得节点之间的通信得不到保障。

科学家认为在分布式场景下达成完全一致性是不可能的，但是工程上的许多问题的解决，都在于如何进行合理地取舍，可以牺牲一部分代价来换取分布式场景的一致性。目前，基于区块链设计的各种共识机制的不同主要来源于以下两个方面：

第一、算法假设的条件不同。如 Paxos、Raft 等算法假设节点不会故意发送错误的消息，这是一个比较强的条件。在比特币使用的 PoW 共识机制的前提条件是并不预先知道系统内有多少记账的节点，而联盟链里常使用的 PBFT 等协议则假设节点需要许可。

第二、付出一些代价以换取一定程度的一致性。例如根据 CAP 原理，弱化可用性，在系统故障时拒绝服务，Paxos、Raft 等算法就是弱化了可用性来保证结果的一致性。再如比特币牺牲了一部分容错性（有可能出现分叉），但是保证了整个区块链系统在一定时限后的一致性。

算法当然不是万能的，它的边界决定了必须要引入一些其他的激励和约束机制来使得整个系统正常工作。在基于 PoS（Proof of Stake，权益证明）的区块链项目中，创建新的区块并不需要消耗算力，而节点作恶也并没有什么惩罚；对于一个节点来说，利益最大化的选择是在多条链上同时挖矿，这会造成严重的分叉现象，一般需要针对这些情况引入额外的规则，如加入惩罚的协议等。

4.2　公有链的常用共识机制

就目前而言，**公有链里的共识机制设计主要围绕去中心化和增强激励**，目前的许多新型区块链体系，支持可插拔的共识机制模块，可以根据应用场景和需求，切换使用不同的共识机制。

保持主链的"唯一性"，对公有链来说至关重要，因为这是解决"双重支付"问题的关键：为了避免双重支付的出现，就应当获悉所有历史交易信息，以确保这笔交易与此前的历史不发生冲突。如何在双方信息不对称、不确定的

第 4 章
共 识 机 制

环境下，使得交易仍可顺利进行，这就是"拜占庭将军问题"。

比特币的 PoW（Proof of Work，工作量证明）机制通过以下途径来解决拜占庭将军问题：

- **维持周期循环，保证节点步调一致**：调整难度来保证网络一直需要花费 10 分钟找到一个数学难题的解，并产生一个新区块。在这 10 分钟内，网络上的参与者发送交易信息并完成交易，最后才会广播区块信息，这样就杜绝了节点无限制、无规律地发送命令的状态。
- **通过算力竞赛，确保新区块由单个节点生成**：比特币通过时间戳和电子签名，确保在某一个时间段内只有一个（或少数几个，这时属于分叉现象）节点可挖出新区块。
- **通过区块链，使用一个共同账本**：比特币网络中的各个节点，在每个循环周期内是信息同步的。

事实上，无论采取什么样的方式，只要保证**时间统一、步调一致、单点广播、一个链条**就能解决加密货币这种分布式系统的拜占庭将军问题。

PoS 作为另一种共识机制，矿工掌握的加密货币数量占比等于其挖出新区块的概率。这会导致首富账户的权力更大，有可能支配记账权，也会造成权益越来越中心化，但是 PoS 确实大大减少了挖矿的能源成本。长远来看，可能会有更多的币种向 PoS 方向发展。

除了以上两种比较常见的基本的主流共识机制，目前的公有链共识机制的创新点在于两者之间的混合，从而在保留去中心化特征的同时提高数据处理的效率。例如以 Decred 为代表的 PoW/PoS 混合共识：挖矿的过程和比特币类似，也需要完成一定量的工作量证明，但是在达成共识的环节有所区别，不同于比特币需要全网节点来验证区块，最终以最长的链为主链，混合机制引入 PoS 投票来决定刚挖出的区块是否有效，大大提高了验证的速度。除此以外还有以 Hcash 为代表的 PoW/PoS 混合共识，结合双层链结构。将 PoW 难度分成两级，分别发布在两条链上，使得 PoW 矿工和 PoS 矿工都能参与系统共识并发挥作用。

4.3 联盟链的常用共识机制

联盟链更注重隐私、安全和监管，因此会加入更多的管控元素，采用类似于传统的拜占庭家族共识机制。联盟链相对于公有链而言，弱化了对于去中心化的强调，同时由于节点准入制，相当于已经赋予了节点一定的信任。

DPoS（Delegated Proof-of-Stake，股份授权证明）机制里有股票权的人是通过选举产生和更换的，而不是像 PoS 这样根据币的数量来产生的。它通过不同的策略，不定时地选中一小群节点，由这一小群节点做新区块的创建、验证、签名和互相监督，大幅减少了区块创建和确认所需要消耗的时间和算力成本。DPoS 不需要太多的信任，所选的这些委托人不能改变交易的细节，如果节点存在试图作恶、提供的算力不稳定、计算机宕机等行为，公开的社区可以快速将他投票驱逐。

如果说 PoW 和 PoS 都是以经济模型为主解决共识问题，那么 PBFT（Practical Byzantine Fault Tolerance，实用拜占庭容错算法）就是以算法模型来解决共识，它不存在代币分发机制，能耗很低。过程可以简述为大家先投票选出领导者，领导者记账后，其他人投票通过。在 PBFT 算法中，可证明只要会出错的拜占庭节点小于系统全部数量的 1/3，那么整个系统就可以正常工作。目前的改进算法方向大致包括使用 P2P 网络、动态调整节点的数量，减少协议使用的消息数量等。

联盟链的共识机制算法的创新也包括了例如 DPoS 和 PBFT 的混合，将 DPoS 的授权机制应用于 PBFT 中实现动态授权，已有研究证明这样的算法在最佳出块为 20 秒的时间间隔下，TPS 可以达到 10000-12000，时延控制在 100-200ms 之间。正是由于联盟链保留了部分的"中心化"，从而得到了交易速度增快，交易成本大幅降低的回报。

4.4　共识的成本

很显然，共识是需要成本的，公有链如 PoW 付出了大量的算力成本、硬件损耗时间和自然资源，以进行运算，求解一个不具实际意义的难题，来竞争记账权；而在联盟链上要达成共识，则如民主投票一样，需要经过一轮又一轮的磋商，交换意见，最后达成一致。如何降低民主的成本，如何用最少的磋商次数、最小的沟通成本达成共识是算法追求的目标，也是决定区块链这台机器是否跑得足够快的重要因素。

归根到底，我们应关注的是共识机制在代价与效果之间的平衡。区块链技

第 4 章
共 识 机 制

术毕竟最终都需落地。对于企业而言，企业当然应该仔细思量自己的投入产出比，以决定是应该使用区块链技术，还是说存在成本更低的替代性方案。例如使用分布式数据库来解决企业之间的信息不对称性，对数据设置查看权限和加密等级来实现不可篡改，并配合一系列的管理办法，加上大部分场景里可能龙头企业并无太大的动机去实现数据篡改，并且有足够的动力去维护数据库，在这种情况下，设计得再复杂的共识机制也许并不如一个好的商业模式来的有效。

第 5 章　哈希函数

5.1　哈希函数的特性

哈希函数是指一类数学运算过程，它接受任意大小的输入值，经过运算后可以给出一个确定的固定长度的输出值，**这个输出值可以作为这个输入值的数字指纹**。正如对于双胞胎而言，他们各自的指纹也是独一无二的，哈希函数的设计使得它也具有同样的特性：**即使是非常微小的输入值差别，哈希函数的运算结果也会有非常巨大的差异**。除此以外，**哈希函数没有任何启发式算法，输入和输出的关系看起来是完全随机的**，例如给一个确定的输出结果，要求对应的输入值应该是多少，或者是要求输出结果小于某个值，问一个符合条件的输入值应该是多少，这些问题的求解没有什么技巧和方法可循，只能通过不断地进行尝试，尝试的次数越多，越有可能找到答案。

人们可以利用哈希函数的这些特性实现很多功能。例如数据保护：将数据的内容和数据的哈希值一起发送，接收者对接收到的数据进行哈希运算，对比即可知道数据是否被篡改。再比如，网站在进行用户登录时，可以在数据库里存储用户密码的哈希值，与用户输入的密码的哈希值进行比对来验证身份，好处是如果数据库泄露，黑客也不能通过这些哈希值来反推出用户的密码，相对来说比较安全。

值得注意的是，哈希函数的输入集合是无限的，而由于输出长度固定，输出的所有可能的集合是有限的，根据鸽笼原理：n+1 个元素放到 n 个集合中去，其中必定有一个集合里至少有两个元素。**所以两个不同的输入值有相同的哈希值理论上是一定存在的，但这样的事情发生的概率非常小，而且哈希函数也在不断改进的过程中**，SHA1 函数就曾经被密码分析人员发现了有效的攻击方法，此后如比特币在内的系统采用了更先进的 SHA2 系列算法，比特币多年的良好运行，表明 SHA256 算法经受了时间的检验。此外，连续多次使用哈希函数也是一种更加安全的选择。

哈希函数在比特币中有多处运用，可以说扮演了非常关键的角色。

5.2 用途一：交易信息的压缩和验证

由于区块链要处理的交易信息内容庞大，将每个块内的所有数据直接以序列的方式存储将会非常低效且耗时，但是利用哈希函数可以对信息进行压缩和验证。在 Merkle 树（一种二叉树结构，可理解为存储数据的一种拓扑结构）结构中，结合哈希函数技术，可以快速验证某笔交易是否属于某个区块（图 5-1）。对于打包到一个区块的所有交易，首先将它们划分为交易信息 1、交易信息 2 等部分，并计算出对应的哈希值 1、哈希值 2，之后两两结合进行哈希运算，最终得到这个 Merkle 树的根哈希值。如果某一笔交易信息记录的数据有变化，那么最终算出来的 Merkle 根哈希值也会不一样。

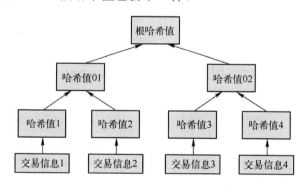

图 5-1　比特币中的 Merkle 树

那么为什么要使用这样的算法，而不是直接将所有的交易信息串成一个大块并且算出它的哈希值呢？原因在于这样的二叉树结构可以允许仅仅进行少量数据的验证，同时如果交易的数据信息有误，也可以快速定位至出错的位置。

5.3 用途二：工作量证明

为什么都说区块链是不可篡改的呢？首先考虑一个简单的哈希链：每次打

包时包含上一个区块的哈希值和这个区块的相关信息，**如果某一个块的信息被篡改了，往后所有块的哈希值都会有变化，其他人也会注意到这个变化**。但是这样设计的问题在于任何人都可以修改某一个区块上的信息，重新计算剩余链条的所有信息，并且声称这才是正确的链条。

比特币设计的精妙之处在于，它使得要实现这样的过程需要付出昂贵的成本。它采用工作量证明的共识机制，大家争相证明自己完成了一定的工作量，最先完成的获得记账权。而工作量指的就是要求找到一个随机数，使得它加上一个给定的字符串后，计算得到的哈希值小于某个值。在比特币中，这个给定的字符串包含了版本号、上一个区块的哈希值、以 Merkle 根哈希值存放的交易信息、时间戳、难度值的信息。**矿工找到符合要求的随机数，既"合法"宣告了自己的记账权，也通过哈希函数完成了对交易信息的编码，并以一种不可篡改的方式存储**。如果有人试图想更改交易信息，他必须运气特别好，能够快速且成功地找到往后链条的每个区块正确的随机数，使得他篡改信息后的链条成为当前最长的链条，这样的情况理论上的确可能发生，但是在算力有限的情况下，概率比较小。

5.4　用途三：比特币钱包地址

在比特币的交易中，大家都能看到的信息如图 5-2 所示，左上角是交易号码，箭头连接的两个字母和数字组成的字符串是比特币地址，表明比特币在两个地址之间有了转移。而这个地址的生成是由钱包的公钥经过哈希函数转换而成的。其中公钥是由随机数字构成的私钥通过非对称加密形成的。交易时公钥和比特币地址都需要公开发布，来使区块链系统验证付款交易的有效性。

3bb0fe1d26720b32433f4b0946f4996c38d545c5f6966a161926341e110bed78

1LTkCbxfb9Q7ZfyWS7Je5zHTCBZCtZZGLz　　　➡　　　134ZnmvWpGDGSwU6AnkgSEqP3kZ2cKqruh

图 5-2　比特币交易示意图

在这里哈希函数扮演的角色相当巧妙：**量子计算机可以很容易地从公钥反推出私钥，但是量子计算机在面对哈希算法时，则难以找出拥有同一个哈希值的两个不同输入值**，可以说中本聪的这个设计使得通过一些操作可以让比特币有可能抵御量子计算机的威胁：比如每枚比特币地址都只用一次，每次付款转账到别人的地址和自己的找零地址中。

5.5 小　　结

由上可见，中本聪通过巧妙的设计很好地利用了哈希函数的特性，并最终形成了一个良好运转的系统，这当中牵扯到了多种交叉学科，也提示人们在技术创新时需要抽象出事物的本质，注意与其他领域相互融合。随着技术的进步，新的哈希函数也在不断地被设计出来，并接受着大家的检验。

第 6 章 零知识证明

零知识证明是一种基于概率的验证方式，验证内容包括"事实类陈述"和"关于个人知识的陈述"。验证者基于一定的随机性向证明者提出问题，如果都能给出正确回答，则说明证明者大概率拥有他所声称的"知识"。Zerocoin（零币协议）将零知识验证用于铸造零币和赎回零币的过程中，以隐藏一笔交易对应的发送方和接收方信息。Zerocash（零钞协议）采用更新颖的 zkSNARKs 技术，将需要验证的交易内容转换成证明两个多项式乘积相等，结合同态加密等技术在保护隐藏交易金额的同时进行交易验证。缺点在于若网络受到攻击，在网络上出现超发的零钞，人们无法发现这一情况或采取措施；Zerocoin 和 Zerocash 均需要进行预先的"信任设置"，没有达到真正的"去信任"。英特尔 SGX、zkSTARKs 等新技术有可能解决上述问题，但仍需实践的检验。

6.1 零知识证明原理

零知识证明是一种加密方案，最初在 20 世纪 80 年代由 MIT 研究人员在论文中提出："零知识协议是一方（证明方）可以向另一方（验证方）证明某事是真实的方法，除了这一具体陈述是真实的事实以外，不透露任何额外的信息。例如对于登录网站而言，在 Web 服务器上存储了客户密码的哈希值，为了验证客户实际上知道密码，目前大部分网站采用的方式是服务器对客户输入的密码进行哈希计算，并与已存结果对比，但是这种方式的弊病在于服务器在计算时就可以知道客户的原始密码，一旦服务器被攻击，用户的密码也就泄露了。如果能够实现零知识证明，那么就可以在不知道客户密码的前提下，进行客户登录的验证，即使服务器被攻击，由于并未存储客户明文密码，用户的账户还是安全的"。

基本的零知识证明协议是交互式的，需要验证方向证明方不断询问一系列

第 6 章
零知识证明

有关其所掌握的"知识"问题，如果均能够给出正确回答，那么从概率上来讲，证明方的确很有可能知道其所声称的"知识"。例如某人声称知道一个数独难题的答案，一种零知识证明的方式是验证方随机指定这一次按列、按行还是按九宫格来检测，每次检测不需要看到数字摆的具体位置，只需要检测出来是否包含了 1~9 个数字即可，只要验证的次数足够多，那么可以大概率相信证明方是知道数独题目的解的。但是这样简单的方式还不能让人相信证明方和验证方均没有造假，在数独的案例中，两者有可能事先串通好，从而使得证明方在不知道答案的前提下通过验证。如果他们想让第三方信服，验证方必须也要证明自己每次的检测方案是随机的且自己没有和证明方串通。

由于第三方观察者难以验证交互式零知识证明的结果，因此当向多人证明某些内容时，需要付出额外的努力和成本。而非交互式的零知识证明顾名思义，不需要互动过程，避免了串通的可能性，但是可能会额外需要一些机器和程序来决定试验的序列：例如在数独的例子中，通过程序的方式来决定哪一次按行、哪一次按列来检测，但是这个试验序列必须保密，否则验证方预先知道了试验的序列就有可能利用这个信息提前准备，在并不知道真实"知识"的情况下通过验证。

零知识证明的内容可以概括为两类："事实"类陈述：例如证明"一个特定的图可以进行三着色"，或者"一个数 N 是合数"；关于个人知识的陈述：例如"我知道这个特定图的染色方案"或者"我知道 N 的因式分解"。

但并不是所有的问题都有零知识证明的加密方案，Goldreich、Micali 和 Wigderson 给出了理论上存在零知识证明解的有效范围。他们发现对于复杂度为多项式级的决策问题（问题的答案仅为是/否），存在已知的零知识证明方案。只需要在这样的 NP 问题中找到想要证明的论述，并转化为三色问题的一个实例，那么就可以利用已有的协议实现零知识证明。由于三色问题属于 NPC[⊖] 问题，任何其他的 NP 问题都可以转化为这个问题的实例。

6.2　区块链中的零知识证明应用

在区块链上的交易中，如比特币和以太坊网络，除了使用地址来替换交易

[⊖] 如果一个问题可以找到一个能在多项式的时间里解决它的算法，则称为 P 类问题。NP 问题是指可以在多项式的时间里验证一个解的问题。如果一个问题是一个 NP 问题并且所有的 NP 问题都可以约化到它，则称为 NPC 问题。

区块链浪潮：
连接技术与应用

双方的真实身份，使得交易具有部分匿名性以外，发送、接收地址和金额都是已知的，别人有可能通过网络上的各种信息和现实世界发生的交互记录等，将比特币地址和真实身份对应起来，也因此具有隐私暴露的隐患。Zerocoin 设计了一种全新的思路，无法通过交易历史分析来获得用户真实身份。Zerocoin 里需要消耗一定价值的要交易的货币，以生成具有独特序列号的一枚零币。零知识证明可以在不透露花费了具体哪个货币的基础上，验证出你的确花了这笔钱。为了将这笔钱转给他人，逻辑上需要使这枚零币不能再被别人花费，零币的办法是大家共同维护一个作废列表，存着所有已经花费的零币的序列号。矿工在验证这笔花费交易时，运用零知识证明的方法，不需要知道具体花掉哪一个零币，也可以验证零币的序列号是否在作废列表里。由于花费交易并没有输入地址和签名的信息，在整个交易过程中，矿工也并不知道这个零币的来源，因此也就难以对交易历史进行分析而获取用户身份。

在零币里，交易的金额是可以知道的，而采用 zkSNARKs 技术的 Zerocash 连交易金额都可以隐匿，账本唯一公开记录的内容就是交易的存在性。可以证明对于 NP 中的所有问题存在 zkSNARKs。它引入了多项创新技术，使它们可以在区块链中使用。最重要的是，zkSNARKs 减少了证明的大小和验证它们所需的计算量。它的过程可以简述如下。

（1）将要验证的程序拆解成一个个逻辑上的验证步骤，将这些逻辑上的步骤拆解成由加减乘除构成的算数电路。

（2）通过一系列的变换，将需要验证的程序转换成验证多项式乘积是相等的，如证明 $t(x)h(x) = w(x)v(x)$。

（3）为了使得证明更加简洁，验证者预先随机选择几个检查点 s，检查在这几个点上的等式是否成立。

（4）通过同态编码/加密的方式使得验证者在计算等式时，不知道实际的输入数值，但是仍能进行验证。

（5）在等式左右两边可以同时乘上一个不为 0 的保密的数值 k，则在验证 $t(s)h(s)k$ 等于 $w(s)v(s)k$ 时，就无法知道具体的 $t(s)$、$h(s)$、$w(s)$ 和 $v(s)$，因此可以保护信息安全。

不同于 Zerocoin 的密码学原语 RSA 累加器，zkSNARKs 技术较新，未经广泛验证，存在风险，同时由于更强的匿名性，Zerocash 的漏洞更难发现，和 Zerocoin 相比，Zerocash 由于交易金额信息也是未知的，所以如果有攻击者无限制地发行零钞，这样的情况是无法检测的。

除此以外，Zerocoin 和 Zerocash 均需要提前内置生成参数，用户在使用这些网络的时候，必须信任这些参数没有被泄露，但是一旦这些参数被泄露，整个网络将面临毁灭性打击。复杂的信任设置使得 Zerocash 存在争议，即使他们设计了一套"仪式"（例如录下砸坏存有密钥计算机的过程）来证明自己的安全性。

可能的解决办法包括利用像英特尔 SGX 和 ARM TrustZone 这样的现代"可信执行环境"。就英特尔的 SGX 技术而言，即使应用程序、操作系统、BIOS 或 VMM 遭到了破坏，私钥也是安全的。除此以外，最新提出的 zkSTARKs 技术不需要进行信任设置。

根据 zkSTARKs 白皮书中所述，zkSTARKs 是首次实现可以不依赖任何信任设置来完成区块链验证，同时计算速度随着计算数据量的增加，而指数级加速的系统。它不依赖公钥密码系统，更简单的假设使得它理论上更安全，因为它唯一的加密假设是散列函数（如 SHA2）是不可预测的（这一假设也是比特币挖掘稳定性的基础），因此也使其具有抗量子性。作为一种新颖的技术，和 zkSTARKs 一样，它也需要经过时间的检验。

第 7 章　哈希时间锁协议

7.1　互联网上的"跳蚤市场"

哈希时间锁协议（Hashed-Timelock Agreements，HTLAs）是一项可使不同区块链项目之间进行代币交易、互换的技术。在传统的交易所进行代币交易时，交易者往往需要把代币提前质押给交易所，这带来了一定的交易风险，并需要较高的手续费用。而在哈希时间锁协议中，只需发送者、连接方、接收者三方，即可实现代币的交易，期间不需要任何交易所平台，且在交易失败时，代币并未发生实际转移，不需支付额外的交易费用。与交易所相比，哈希时间锁协议相当于提供了一个"跳蚤市场"，无须托管的第三方，交易所的作用被分散至社区内的个人，人与人之间可以安全地进行代币间的交易。

哈希时间锁协议技术想法的提出，最早应源于 2013 年 BitcoinTalk 论坛里的一场讨论[一]；而技术的实际落地，又与比特币的闪电网络有关联。在闪电网络中，为实现两个用户之间的小额支付通道，用户需提前锁定自己的部分款项，两个用户涉及该部分款项的交易在链下进行。一段时间后，款项的最终分配确定下来，该分配方案再上传至主链（图 7-1）。这样一来，即可使大量的小额交易在链下进行，提高了比特币网络的交易吞吐量。

闪电网络中用于锁定用户款项的哈希锁合同（Hashed Timelock Contracts，HTLC）技术启发了后来的开发者们。代币与代币之间的交易，需要经由中间人的转换，这其中的关键在于取得各方的信任。而对代币进行锁定的过程，正是一个可以产生信任的质押过程。

[一] https://bitcointalk.org/index.php?topic=193281.msg2224949#msg2224949

第 7 章
哈希时间锁协议

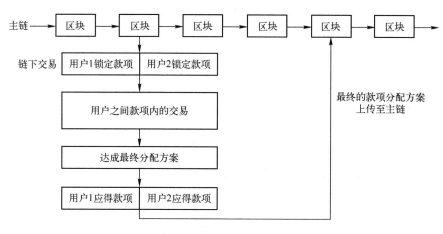

图 7-1　闪电网络示意图

7.2　交 易 示 例

以一笔虚构的交易为例。假如 1 枚比特币与 10 枚以太币的价值等同，发送者（Sender）手上拥有 1.1 枚比特币，希望购买接收者（Receiver）提供的价值 10 枚以太币的服务。则发送者可以联系一个同时具有比特币地址与以太坊地址的连接方（Connector），并协商好代币转换的手续费为 0.1 枚比特币。那么交易的流程如图 7-2 所示（方案一）：

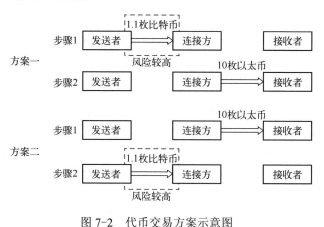

图 7-2　代币交易方案示意图

在这一过程里，风险较高的是传输 1.1 枚比特币的步骤：连接方有可能在收取 1.1 枚比特币后马上退出交易，使得发送方利益受损。合理的方案是把比特币的交付延后处理。当以太币实现交付后，再进行比特币交付，交易风险即转移至连接方（方案二）。

为了同时保障连接方的利益，需解决的问题是确保接收方在获得 10 枚以太币的同时，发送方的 1.1 枚比特币也送往连接方，两个事件需要同时发生。**这实际上是交易"原子性"的体现：要么款项完全实现转移，要么款项完全未转移，不存在中间的状态。**这一问题由预共享密钥（Pre-Shared Key，PSK）技术解决。

如果把 1.1 枚比特币看作一个交易包，10 枚以太币看作另一个交易包，在 PSK 技术中，这两个交易包都由同一个密钥启动，从而实现"两者同时发生"。

发送方预先由加密算法得到一个密钥，把密钥发送给接收者，把相关信息发给连接方。同时，发送方将自己的 1.1 枚比特币锁定在交易包 1 里，需要密钥才能转移款项。

连接方通过发送方给出的信息，制作一个包含 10 枚以太币的交易包 2 并发给接收者。当接收者用密钥打开交易包 2 时，接收者获得 10 枚以太币，同时密钥也被发送给连接方，连接方可以使用该密钥获得交易包 1 里的 1.1 枚比特币。这样一来就实现了代币之间的互换。

为避免款项锁定时间过长，交易包 1、2 均需约定限制时间，超出时间后，款项即解锁、返回原地址，这就是时间锁（Timelock）功能。而上文提到的预共享密钥则使用了哈希加密（Hashed），因此该技术方案被称为哈希时间锁协议（Hashed-Timelock Agreements）。

7.3 局 限 性

这一技术依然存在一定的局限性：

（1）连接方需承担一定的风险。在 PSK 技术中，连接方需向交易包 1 注入密钥才能获得比特币，也就是比特币和以太币的交付并非完全在同一时间发生。由于两个币种的交付均约定了限制时间，若交易包 2 的限制时间大于交易包 1，有可能使得接收者获取 10 个以太坊后，连接方无法收回应得的 1.1 枚比特币，而蒙受损失。这一风险可通过设定交易包 1 的限制时间总大于交易包 2 来避免（图 7-3）。

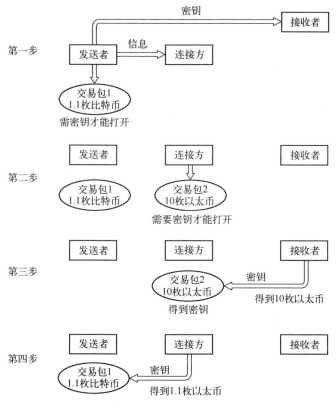

图 7-3 使用哈希时间锁协议的交易过程

（2）对于不支持哈希时间锁技术的区块链项目，只能通过另外的账本平台进行上述过程。额外的记账平台可保存代币之间转移的交易记录。然而由于记账平台本身不发生代币的转移，本质上记录的是赊账、借账的信息，需交易双方之间相互具备充足的信任度，交易才可进行。而通过账本平台，只要保证双方具备信任基础，非区块链的资产亦可通过这一记账方式进行交换。

本质上，不同资产之间的交易、流转，只需提供信任基础（产生联系），保证交易的原子性（资产交割），即可进行。而在哈希时间锁协议中，代币的锁定实现了资产质押，为交易提供了信任基础。而密钥的传递，则保证了交易的原子性。同时时间锁的引入，避免了交易时间过长而造成的纠纷或意外。除区块链项目外，这一模式可应用到不同资产类别的流转中。

哈希时间锁协议技术已由 Ripple Interledger 项目基本实现，在可运行智能合约的区块链项目中，币与币交易的落地或将逐渐变得普遍。这一技术提供了

一种区块链项目生态的可能性：如 BTC 等主流区块链项目作为主结算系统，而其他应用项目针对性地解决用户的不同需求。当用户享受服务、进行结算时，使用代币互换技术进行支付。这样一来，主流项目传递价值；应用项目面向细分需求，同时为主流项目分摊服务压力；用户各取所需。最终将构建起一张全球共用的可信任的结算网络，在此基础上运行一切去中心化的应用，真正实现丰富的区块链应用生态。

第 8 章 分片技术

8.1 数据分片的概念

传统概念里的分片技术是将数据库分割成多个碎片并放置在不同的服务器上。在现代的云服务中,数据常常被托管在不同站点并进行分区。这一做法的原因包括使多台计算机之间的负载平衡,进而提高可扩展性;通过多站点存储数据,来提高可用性等。

而区块链分片技术则是基于数据库分片概念的一种扩容技术。

无论在区块链领域,还是数据库领域,分片时要进行的第一步工作都是提取数据的关键特征值,并将关键特征值按照一定的规则来划分给不同的碎片进行处理。关键特征值的选择非常重要,它关系着数据的唯一性保障以及分片的效果。关于特征值的选取方法,一个言简意赅的标准:"以你所认为的基本数据模式为标准"。因此在区块链项目中经常可以看到分片的依据是用户的私钥/账户地址等,因为这些值是唯一的且不随时间改变的,分片时逻辑比较清晰。

8.2 传统数据库的分片方式

传统数据库的分片主要有三种方式:

(1)哈希运算后取模:例如规定全网络划分为 3 个分片,则将数据经过哈希运算后用 3 求模,根据结果分配至特定的碎片,此种策略的目的是减少分片负载不均衡的发生，因为哈希函数计算出来的结果毫无规律，也就打破了因为一些关键特征值和负载的量相关的情况，因此数据更有可能均匀分散于各个分片之间。一个反例则是，如果数据的关键特征值是注册时间顺序的话，刚注册的数据更为活跃，则可能会把它们都分到某一个分片里。但是这一方法的缺点在于如果有新的分片加入，重新平衡分片比较困难；其优点则在于不需要额外维护状态信息。

（2）一致性哈希：无虚拟节点的一致性哈希方式是指数据按照特征值映射到首尾相连的哈希环上，同时也将节点按照一定规则映射上去，数据顺时针找到的第一个节点为其所存储的节点。有虚拟节点的一致性哈希和此类似，不过是将虚拟节点映射到哈希环上，因此，一个实际的物理节点可以占据哈希环上的多个范围。此种方法需要维护状态信息，也就是数据具体被分到哪个节点了，但是优点在于如果碎片的数目需要增加，则重新平衡分片更为容易。但是分片状态信息的维护需要考虑一致性问题，较为复杂。

（3）人为划分区间：按照关键特征值划分成不同区间，每个节点对应一个或多个区间，类似一致性哈希的方式，也需要维护状态信息。

8.3 分片中的一致性挑战

在区块链技术中，需要有机制来知道哪个节点实现了哪个分片，在传统数据库系统中分片信息（即元数据，指哪些数据划分到了哪个碎片内）一般需要专门的服务器存储，有时为了减轻元数据服务器的压力，分布式系统会在其他节点缓存元数据。在区块链中的思路也大体一致，需要保证在节点之间缓存的元数据的一致性，或者引入一个类似的主服务器来保证性能，但这些方案都需面对数据一致性的挑战。

多个副本的一致性、可用性是 CAP 理论讨论的范畴，主要有两种可用的方案。

第一种是主从同步，首先选出主服务器，只有主服务器提供对外服务，主服务器将元数据的更新信息以日志的方式存至某个共享的存储空间，然后从服务器从共享存储空间读取日志并应用，达到与主服务器一致的状态，如果主服务器被检测到故障，那么会重新选出新的主服务器。

在网络分割的情况下，有可能出现大家认为原来的主服务器已经宕机了，就选举出新的主服务器，但是原来的主服务器还在继续提供服务的"双主"现象。为了解决这种问题，需要想办法把旧的主服务器隔离，使其不能正常对外提供服务。为了保证元数据的强一致性，在准备进行切换的时候，新的主服务器必须要在确认元数据完全同步之后，才能继续对外提供服务。

为了达到这个目的，一种方式是当元数据变化时，立即通知所有的缓存服务器，并锁定数据，如果系统要完成的任务需要多个碎片里同时对状态进行更新，那么在更新完成之前，访问将被拒绝。另一种在高度可扩展的 NoSQL 数据库中经常实现的复制数据之间保持高度一致性的方法是使用读写仲裁和版本控制。这种方法避免了锁定数据，代价是读取和写入数据的过程中会带来额外的复杂度。

第二种方式是通过分布式一致性协议来达到多个副本件的一致，如 Paxos 和 Raft 协议，协议可以实现所有备份均提供对外服务，并且保证强一致性。

8.4 区块链技术下的分片方式

在区块链网络中，根据对象的不同，技术可分为状态分片、交易分片和网络分片。其中，网络分片采用较多的技术方案。

区块链的状态分片是指每个节点只存储了一部分的区块链状态信息，需要解决的一致性问题与上述类似。

而交易分片的实现更为简单。在基于账户的区块链系统中，每一笔交易将会有一个发送者的地址，然后系统可以根据发送者的地址分配一个碎片。这确保了两笔双花交易将在相同的碎片中得到验证，因此系统可以很容易地检测到双花交易，而不需要进行任何跨碎片的通信。如果节点是确定的，那么几乎不存在上述讨论的元数据的更新带来的问题。但是如果交易验证时涉及跨碎片之间的通信，通常成本很高，将影响网络的吞吐量和经济效益。

区块链的网络分片指将矿工划分成几个组，同时验证交易，提高系统并行处理交易的能力。通常可以通过定期以随机数生成来决定选取达成共识的节点，将其映射到已经编好号的分片中。但是如果有节点宕机，重新分配节点时，就需要在分片之间形成一致性共识。

值得注意的是，在区块链中采用网络分片技术，也就是将矿工分成几个子网络分别负责验证该碎片上的交易，需要保证恶意节点的数目足够小，因此在分配矿工的规则上注意保证随机性。

8.5 小　　结

分片技术的关键在于由于每个片区里的数据是分开更新的，在设计应用逻辑时，必须确保在平衡效率的前提下，对信息进行成功更新，同时也需要预留出一定的鲁棒性，来应对达成最终一致性过程中可能出现的问题。在区块链中应用分片技术，还需要考虑的问题是对各种攻击如女巫攻击、DDOS 攻击、双花攻击的防御，需要在权衡效率的同时，保证每个分片内的总节点数目足够多，并且诚实的节点占大多数，分片技术对安全性要求极高，同时，区块链系统中的节点数目比传统数据库中的可能要多，并且面临带宽的限制，需要充分考虑到延迟带来的不一致性导致的性能和安全性问题，因此很少有落地的相关项目。需要在大规模的网络中进行长时间的测试验证，并结合严谨的理论方案证明，才能令人信服。

第 9 章 空间证明共识算法

9.1 当前共识算法存在的问题

自 2009 年第一枚比特币被挖出以来，区块链行业逐渐拓展为一个巨大的全球市场。除 BTC 以外，LTC、ETH、EOS 等各式各样的区块链项目层出不穷。目前，仅以太坊上的 ERC20 代币项目，就超过 11 万个；而发布项目白皮书的公司更是数不胜数。

比特币实现了一种点对点的电子支付系统，而这一分布式系统的诞生，有赖于其采取的 PoW（Proof of Work，工作量证明）共识算法。目前，绝大多数具备主链的区块链项目，仍采用 PoW 或改良后的 PoW 共识算法，仅有一部分项目采用 PoS（Proof of Stake，权益证明）或 DPoS（Delegated Proof of Stake，股权代理证明）等算法。PoW 为分布式账本带来简明、有效的共识产生机制，然而也产生了一些问题：在计算哈希函数的过程中，大量能源被浪费。由于 ASIC 等芯片的产生，比特币也面临着越来越中心化的挑战。比特币的现状与中本聪最早的设计已经相去甚远。

而 PoS、DPoS 机制同样具有中心化的问题，而且投票过程往往较为烦琐，两者显然并非最佳的解决方案。值得一提的是，市面上曾出现一些采用如"交易即挖矿""锁仓即挖矿""投保即挖矿""挖矿即挖矿"等方案的区块链项目。但本质上，这些项目所发行的还仅仅是以太坊上的 ERC20 代币。由于不具备主链，这些项目均不需要共识机制。所谓的挖矿方案，本质上属于空投方案，是一种激励手段，与区块链的核心技术无必然关联。

真正要解决 PoW 所衍生的浪费能源、中心化的问题，开发多样化的挖矿方案，至少需要解决以下一系列技术问题：

（1）如果不耗费工作量，以什么作为用户付出代价的证明？
（2）该种证明如何被校验？
（3）如何确定挖矿竞赛的优胜者？
（4）如何避免主链分叉等？

9.2 空间证明的原理

在技术进展的过程中，PoSpace 方案做出了重要的探索。**PoSpace 即 Proof of Space，空间证明**。PoSpace 意在取代比特币中的 PoW 机制，成为一种新型的共识机制解决方案。这一方案目前已在一些区块链项目上实施落地。它以用户支付的硬盘空间作为付出代价的证明，通过下载文件占据硬盘空间，所占的空间越大，说明用户付出越大。

PoSpace 可带来以下好处：极大地减少资源浪费；用户一次性付出硬盘空间后，后续挖矿不需额外增加付出等。根据一些团队的测算，PoSpace 里的用户行为可视作一种拓展性的博弈模型，随着时间增长，会有越来越多的用户加入进来。

为应对硬盘空间造假的问题，PoSpace 把节点分为两种角色：证明人和校验人。证明人即普通节点，需要存储较大的信息数据（如 100GB），而校验人存储数据库以及证明人的一小部分存储信息，以便验证。

当用户/证明人初次加入网络，他需要根据选择的存储空间大小，存储一部分具有特定序列的数据（存储的数据由用户的公钥决定，因此各位用户的数据并不相同）。这些数据以有向无环图（DAG）的结构存储，而每个数据块之间的关联关系，以 Merkle 树的形式发送给校验人。由此一来，**校验人可由公钥知道证明人存储的是哪些数据、由发送的 Merkle 树知道这些数据以怎样的结构存储**。

在验证环节，校验人向证明人发送一份"挑战"。这份挑战是证明人存储数据块的某种随机组合。证明人需要根据挑战信息，生成对应组合数据的哈希值，并返还给校验人，由校验人验证该哈希值是否正确。

由于挑战是数据的一种随机组合，而略微不同的数据都将使得哈希值完全不同。因此证明人必须确实存储了"挑战"所指明的数据块，才能生成正确的哈希值。而校验人由于存储了完整的数据库，他也可对证明人发回的哈希值进

第 9 章
空间证明共识算法

行校验。

证明人有可能仅存储小部分数据，而仍然通过校验人的挑战（证明人所存储的小部分数据，恰好囊括挑战所包含的数据组合）。然而随着"挑战"的过程多次进行，证明人通过存储少量数据而生成出正确反馈的概率大幅下降。因此可通过多次验证来避免证明人的作弊行为。这就是 PoSpace 里的空间确认过程。

而有了校验用户存储空间的方法，仍需通过一些方式来确定挖矿竞赛的获胜者。比较合理的方式应是，**存储空间越大的矿工，越有可能在挖矿竞赛中胜出**。PoSpace 则通过设计一个"质量函数"来实现这个目标。

9.3 质 量 函 数

"质量函数"需要保持一定的随机性，而同时按照贡献空间的大小来区分各个矿工获胜的概率。因此一个简化的做法是，应对校验人的挑战，矿工反馈的哈希值（一串数字）直接作为随机量，并根据矿工所占的空间对这串数字进行增减。譬如矿工存储的空间总大小为 N，则对哈希值开 N 次平方，得到质量函数。这样一来，矿工存储的空间越大，质量函数的数值越小。我们可以规定单次挖矿竞赛中，质量函数最小的矿工获胜。

但此时仍存在问题：由于矿工在一次性付出硬盘空间后，在挖矿过程中不需有后续付出，因此参加挖矿竞赛不需要付出代价，进行主链分叉几乎没有成本。为避免矿工随意分叉造成双花等混乱情形，仍需要一种规则来确定某链是唯一链，而所有用户均只记录这个唯一链，这才是真正达成共识。

由于每个区块由具有最小"质量函数"的矿工挖出，一个自然的想法便是：由质量函数来确定唯一主链。设定一个数量 i，规定从最新的区块往前 i 个区块的质量函数相加，得到链的总质量函数。**总质量函数最小的那条链，可判定为主链**，在此基础上，为强调越早的区块所占的比重越高，可增加一个折扣函数，对早期的区块进行缩减（以提高其重要性）。

因此当主链出现分叉时，对两条（或多条）分叉链的总质量函数进行计算，即可确定唯一链，由此保证仅有一条主链，从而使各用户之间建立起一个分布式、同时又统一的账本系统。

9.4 小　　结

　　PoSpace 使用物理硬盘空间作为付出代价的证明，解决了比特币里 PoW 持续浪费大量资源的问题，同时可建立一个与比特币作用相同的电子支付系统。PoSpace 可认为是共识机制在 PoW 基础上的一大进步。但与此同时，PoSpace 仍存在一些问题：如引入了校验人角色，增加了系统的风险；如何设计和安排校验人，仍是一个问题；以硬盘空间为证明，存在着中心化的风险，因为小部分人可以通过巨大的财力购置大量硬盘空间，持续垄断挖矿，造成类"51%攻击"等。中本聪"一枚 CPU 芯片代表一个个体，每个个体拥有平等挖矿机会"的构想，仍然难以实现。

　　但不得不说，PoSpace 的思路为我们提供了许多启发，如通过随机的方式对用户付出的代价进行校验；通过设计区块质量函数确定挖矿竞赛的获胜方式；通过设计链质量函数来避免主链分叉等。沿着这一思路，完全有可能开发出适应不同使用场景的共识机制，如"注意力证明""时间证明"等。此外，PoSpace 中硬盘所存储的空间，若从无意义的字节，改为有意义的内容（如影片等资料），PoSpace 或许天然地适用于建立网络资源共享社区。相信在不远的将来，共识机制将迎来更多的发展和应用。

第 10 章 Mimble-Wimble 技术

10.1 无声无息之咒

在比特币中,全节点需要下载完整的约 232GB 的历史交易数据,以便对新交易进行验证。他们需要检查提交至区块链的全部交易(而交易以每日约 30 万笔的数量在增加),以得到接近 6600 万个 UTXO(Unspent Transaction Output,未花费的交易输出)。正是由于需要检查所有历史交易数据的这个步骤,使得成为比特币全节点的门槛大大提高,而降低全节点的门槛对于保证区块链的去中心化至关重要。况且历史账本随着时间的推移,还会不断增大,在较短期的未来,普通个人计算机难以支撑比特币全节点的运行。

是否存在一种方法,使得让全节点不需要下载全部的历史账本数据,但仍然能够验证交易,以保证区块链系统的安全?

同时,现有的比特币的隐私匿名性也并不如想象中的好。由于交易地址和转账金额是公开的,通过大数据分析技术,有可能根据这些转账历史分析出地址对应的交易双方身份,用户的隐私性因而受到威胁。

事实上比特币的上述问题的确存在着解决的办法,它不仅可以使得原本需要下载 232GB 的历史账本缩小为 50GB,显著减少存储空间和带宽使用,而且还可以提供更强的隐私性,这个强大的技术就是 Mimble-Wimble。

它最初的白皮书在 2016 年发布,技术名称和作者都充满了魔幻的色彩,Mimble-Wimble 是《哈利波特》中的"无声无息之咒"。和中本聪一样,作者采用了化名 Tom Elvis Jedusor(伏地魔在《哈利波特》中的法语名称),在扔下白皮书后销声匿迹。

10.2 实 现 原 理

在 Mimble-Wimble 中，隐私性和可扩展性得到保证的原因来自于以下三点：

（1）区块链中没有地址，每次转账中接收方都要构建新的交易见证。
（2）交易金额也是隐藏的。
（3）中间状态的交易可以合并。合并是指如果在要打包到区块的所有交易中，先从 A 转给 B 钱，然后 B 转给 C 一定的钱，那么不需要全部记录这两笔交易，只需要记录 A 转给 C 多少钱，合并交易的中间状态，同时附上 B 的签名，就可以在保证交易成立的同时，显著减少区块存储所需的空间。

Mimble-Wimble 依赖于 ECC（Elliptic Curve Cryptography，椭圆曲线密码学）。在 ECC 中，通常选择一个非常大的数字 k 作为私钥，如果 H 是椭圆曲线上的一个点，那么 k×H 则作为相应的公钥，**椭圆曲线的性质保证了难以从公钥推导出私钥 k，因为曲线点的除法非常困难。**基于这个属性，可以在交易中隐藏实际交易金额。具体方法如下：

假设交易的金额是 v，节点在验证交易的输出等于输入时等价于要验证 v1+v2=v3，该式子等价于在等式左右两边乘上椭圆曲线上的点 H，即需要验证：

$$v1\times H+v2\times H=v3\times H$$

虽然这样已经难以反推出实际交易金额，但是由于可以尝试的集合有限，攻击者仍有可能反推出 v1 的值。因此，引入第二个椭圆曲线 G 点和私钥 r，将交易中的任意一笔输入输出值用 r×G+v×H 表示，由于椭圆曲线的性质，r 和 v 都不能推导出来，那么需要验证的等式变成了：

$$r1G+v1H+r2G+v2H=r3G+v3H$$

并且要求 r1+r2=r3，这样交易的实际金额就得到了很好的隐藏。在实际交易中，交易的金额只有双方知道，区块链的节点看到的信息是经过加密后的数字，而私钥 r 只有自己知道。为了验证交易的输入等于输出，而又要保护发送人的私钥不被接收人破解，需要发送者选择一个额外值，添加到自己的私钥上，在接收者视角只看到两者的和，而只有自己知道真正的私钥值，在验证时只需要验证，交易输出的和等于输入，且交易者知道额外值即可（证明自己知

第 10 章
Mimble-Wimble 技术

道的方法就是用其来构建 ECDSA 签名)。因此，额外值的作用就相当于一笔交易的私钥，可防止双花。

在合并交易时，执行的验证过程类似，因为单笔交易需要验证的内容是输出等于输入，那么经过合并（包括混合以及删减中间状态）后的交易本质上要验证的也是最终的输出等于输入，中间状态的交易则只需要验证它的签名即可。如果出现了双花，那么和比特币一样，节点很容易验证出总的交易输出不等于输入。在 Mimble-Wimble 中，节点可以将采矿所产生的所有资金的总和与持有的总金额进行比较，以检查总货币供应的正确性。通过范围证明可以用来确保交易中没有滥发货币。

综上所述，**Mimble-Wimble** 的主要优点是在提供较强隐私性的同时，**所需要的存储空间很小，可扩展性高**。由于不需要存储整个交易历史的区块链，通过合并中间状态的交易，只需要存储某个币的来源和现在的状态，每个历史交易只需要存储约 100 字节的信息，**相比其他区块链节省了大量空间，也使得新节点加入网络时，需要同步以及传输的信息量也非常小**。但其删除了比特币的脚本，且加密过程中计算需要一定时间，因此其出块时间大约在 1 分钟。同时在交易验证时也需要双方进行一些信息的交互，使得某些交易功能可能有所限制。

作为一项较新的且富有前景的技术，它的安全性需要经过时间的考验，也需要大量的开发者来参与测试与验证。比特币技术经过了多年的发展，的确应该有较大的优化，**Mimble-Wimble** 保留了 **PoW** 的优点，在 UTXO 集合的优化上做文章，并且理论上的存储空间优化非常显著，带来了在保留去中心化前提下提高可扩展性的新思路，指出了新的前景。

第二部分——应用场景篇

第11章 区块链行业应用概述

11.1 区块链的行业应用

11.1.1 区块链的应用现状

从2008年的比特币开始,区块链技术的应用主要分为以下三个阶段:

(1) 以**可编程数字加密货币体系**为主要特征的区块链 1.0 模式,代表性应用是比特币,主要解决了货币支付手段的去中心化。

(2) 以**可编程金融体系**为主要特征的区块链 2.0 模式,这个阶段主要加入了"智能合约"的概念,试图把任何资产变成数字化形态进行交易,使得区块链从最初的货币体系拓展到证券交易、股权转让等金融领域。

(3) 以**可编程社会**为主要特征的区块链 3.0 模式,该阶段的应用场景将不仅仅局限于货币、金融等领域,而是扩展到社会生活的方方面面。

从行业来看,金融、版权、医疗、公证防伪、供应链等领域都开始意识到区块链的重要性并开始尝试将技术与现实社会对接。区块链技术能成为一种全新的工具,**帮助社会削减平台成本,让中介机构成为过去**,可以促使公司现有业务模式重心的转移,有望加速公司的发展。与此同时,区块链的数据上链有望促进传统的数据记录、传播以及存储管理方式的转型。从社会角度来看,区块链技术有望将法律与经济融为一体,彻底颠覆原有社会的监管模式,组织形态会因其而发生改变,**区块链也许最终会带领人们走向分布式自治的社会**。

11.1.2 行业区块链化需要具有的特征

可以预见的价值"区块链化"的应用场景有很多(图 11-1),一般需要具备以下几个特征：

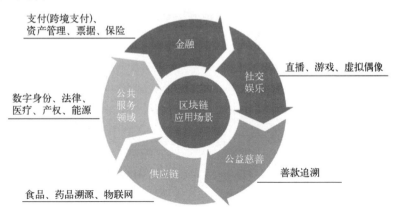

图 11-1 "区块链化"的应用场景

- 双方交换的产品或服务可数字化；
- 服务/产品标准化，评估体系清晰可查；
- 由个体提供服务，个体消费服务；
- 随着个体的逐步加入，网络价值越大。

举一个简单的例子，共享出行行业，服务的提供方主要是司机（车主），服务的消费方是乘客，司机将乘客从 A 点送到 B 点，乘客给司机一定的报酬，整个交易结束。司机将 A 点送到 B 点，可以通过 GPS 导航来计算行驶路程，时间戳来记录行驶时间，按照一个全网公示的计算方式自动生成路费，然后司机把乘客送到目的地后，确认，乘客账户自动将钱转到司机账户。随着乘客和司机加入区块链化的网络越多，司机越容易接到更多合适的订单，乘客也更容易搭到车。

还有很多其他的产业，例如 P2P 保险、信贷、博彩、预测、游戏等，满足上述特征的应用场景，都可以通过价值"区块链化"实现交易的"去中心化"，解决交易信任的问题。

11.2 区块链应用的挑战和趋势

1. 技术挑战

根据区块链的底层技术，可以发现区块链的应用需要面临"不可能三角"

第 11 章
区块链行业应用概述

问题（图 11-2）：

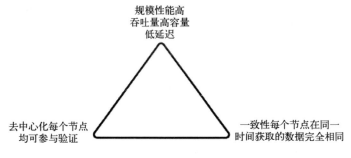

图 11-2 "不可能三角"问题

- 去中心化：每个人都有全网的账本数据，能参与验证和记录；
- 一致性：保证所有参与节点的交易记录的实时一致性；
- 规模性能：提高交易的吞吐量、规模，同时降低交易的延时性。

现有的区块链应用，例如比特币区块链保证了去中心化、一致性，然而**规模性能较弱，大约每秒 7 笔的交易量**；例如 **POS\DPoS 验证，牺牲一定程度的去中心化**，不需要每个人都参与验证，从而提高规模性能几个数量级，来维护账本的一致性。

2．商业化问题

提起区块链的应用，最先想到的便是比特币等数字货币领域。但是随着 ICO 的爆发，数字货币的投机性被疯狂放大，甚至部分沦为诈骗工具。**区块链应用仍在初级阶段，还没有找到真实的具体落地场景，目前应用较多的是金融、版权维护、供应链等方面**。但是技术规则还不是非常适应现有的商业化结构，比如目前的区块链在改造金融基础设施中存在的不足，包括事后不可追索、无法以净头寸结算、无法融券、交易令牌与实物资产匹配不足、智能合约自动执行可能形成自我加强的反馈环，导致金融不稳定。

除此之外，**区块链的应用在与真实物理世界交互的过程中，既需要控制好输入数据的准确性，也需要保证输出数据与物理设备得到准确交互**。例如资产上链的价格评估可能依旧需要多方协商达成共识，以保证原始数据的真实性、准确性和完备性。在区块链与物联网联合的应用场景中，也需要考虑到真实物理世界的混乱性，即可能有很多不确定的人为或意外的干扰因素。例如 Juicero 问题：可以建立一个计算机生态系统并将其与袋装水果联系起来，用其来挤压水果袋，但不是水果袋中发生的一切都能由计算机控制，人可以用手挤压袋子。如何才能保障输入区块链的数据是真实世界的准确映射，以及区块链的输出得到正确的实施和操作，对于区块链的成功应用来说

区块链浪潮：
连接技术与应用

是一个非常关键的问题。**所以产业落地缓慢也属正常，这由多方面原因造成，底层技术有待进一步成熟，智能合约公链平台缺乏，各类 Token 生态兼容不足，政策监管不明等。**

3．政策监管问题

区块链的应用在不断发展中，对于企业和机构来说，一方面要通过内部治理的优化来满足客户需求，另一方面要积极参与相关联盟的规则制定。中国企业、机构已开始这方面的尝试。2016 年，中关村区块链产业联盟成立，搭建横跨大学、科研院所以及企业之间的合作交流平台，组织国内外区块链产、学、研开展合作，致力于解决会员单位在发展中遇到的技术攻关、知识产权保护、产业化等问题，打造完整的区块链产业链。

对监管者而言，面临的任务则更加艰巨。**技术的发展，使得监管者必须考虑同时通过法律规则和技术规则来进行监管，从而弥补市场失灵，并抵御系统性风险。**通过法律规则监管公共区块链面临的一个巨大挑战是其去中心化的特征，使得现有的法律很难找到适用的监管对象，且很容易被绕过。一个替代的解决办法是监管那些处理比特币的企业，如交易所和钱包服务商，从而保证相关交易没有违反现有的法律规定，如反洗钱、反恐融资等。**区块链本身具备跨境交易的属性，国家之间难以达成统一意见导致监管仍处于真空期。这意味着监管者在技术规则的制定上面临来自国际的竞争与合作。**

4．量子计算机的威胁

如果把传统电子计算机的计算能力比作骑自行车，那么量子计算机的运算能力就相当于坐飞机。**在强大的量子计算机面前，包括比特币在内的虚拟货币采用的公开密钥加密算法就显得非常脆弱，每个人的私钥都会被量子计算机轻易地推断出来。**但是量子计算机需要达到一定的量子比特才能做到这样的程度，有人认为，一个 4000 量子比特的量子计算机或许就可以瓦解区块链，也就是说，哪个人或团队先做出并应用这样的量子计算机，就可以解出并验证每一笔交易，加密货币的信任系统将被瓦解。微软和谷歌都预测这样商业化的实用型量子计算机将在 2025 年前被制造出来。**值得注意的是，量子计算的出现将危及所有现有加密方法的安全性，影响金融和银行业的安全，不仅仅是区块链。**目前美国国家安全局正在研究可以抵御量子计算的加密系统，在学术界，也有密码学专家正在研究量子密码学，并且已经有了实施量子密码学的区块链项目。**通过更改比特币协议，选择量子计算机没有明显优势的算法或许可以填补这些安全漏洞。**

第 11 章
区块链行业应用概述

11.3 区块链应用的展望

区块链作为比特币的底层技术，具有去中心化、可靠性和不可篡改性、去信任性以及可匿名化特点。**虽然国内与比特币相关的政策在收紧，但对区块链技术仍持支持态度。**

多国政府表示对区块链技术的大力支持。在我国，国务院印发的《"十三五"国家信息化规划》的第四部分重大任务和重点工程中，指出要强化区块链等战略性前沿技术并进行超前布局。北京在 2018 年 3 月宣布，将利用区块链技术打造新型信用监管格局。贵阳已建成区块链测试平台，首批应用在政府数据开放共享、精准扶贫、个人医疗健康数据等 12 个应用场景上。

与此同时，全球形成了两个比较著名的区块链联盟：R3 和超级账本。国内也有三大区块链联盟，分别为：中国分布式总账基础协议联盟（ChinaLedger）、中国区块链研究联盟（CBRA）和金链盟（金融区块链合作联盟）。

除此之外，**各大互联网巨头都已在区块链上有所布局。**阿里巴巴已经将区块链技术应用在商品溯源、医疗数据加密、司法鉴定等领域。腾讯发起了金融区块链联盟，发布了面向金融企业的区块链云服务 BaaS，并将区块链应用在公益领域。百度金融发布了区块链服务端 BaaS，参与了超级账本的开源项目，发布了"莱茨狗"游戏。京东将区块链技术应用在物流领域，实现食品安全溯源、跨境物流沟通、防伪追溯等。网易、360、华为、小米、迅雷等公司也都在区块链上有所布局（图 11-3）。

总的来说，不管从国家政府的角度，还是从各大互联网巨头公司的行动来看，大家对区块链技术的前景都是持有乐观和支持的态度，未来的应用前景很广阔。

- **行业的发展速度更快**：资本的快速进入以及民众的狂热使得行业会快速度过瓶颈期，将比传统互联网更快进入爬升期，迎来快速爆发和扩张。
- **不是所有的项目都适合区块链**：一股区块链大潮让所有的创业者或者上市公司都去追赶"区块链+"的理念，事实证明并不是所有的项目都是适合区块链的，随着大家对技术的理解越来越深刻，更多的项目被证明是伪应用。
- **底层技术价值高，会加速升级**：随着区块链落地项目越来越多，并且区

区块链浪潮：
连接技术与应用

块链应用无法垄断商业利润以及底层协议的代币激励系统会让底层协议更具有价值。商业化落地的速度远远超过底层技术协议的发展，这也会促进底层技术的不断迭代。

公司		结合		应用
Baidu 百度	＋	区块链	＝	区块链ABS、云计算BaaS
阿里巴巴 Alibaba.com	＋	区块链	＝	爱心捐赠、食品供应链、阿里健康
Tencent 腾讯	＋	区块链	＝	金链盟BaaS，物联网安全
JD 京东	＋	区块链	＝	智能通行证：身份识别认证
网易游戏	＋	区块链	＝	网易招财猫：区块链云养猫
迅雷 暴风影音	＋	区块链	＝	共享CDN 挖矿回报
人人网 renren.com	＋	区块链	＝	人人坊：社交平台支付

图 11-3　国内互联网巨头公司的区块链布局

- **融入更多的新技术**：人工智能、大数据等新兴技术未来跟区块链的结合会越来越密切，人工智能可以提高链上的计算效率，大数据则可以去对链上的数据进行深入分析，从而更好地服务人类。

第12章 泛金融领域：天然契合

12.1 泛金融领域现状

12.1.1 基本概念

金融（Finance）的内容可概括为货币的发行与回笼、存款的吸收与付出、贷款的发放与回收、金银或外汇的买卖、有价证券的发行与转让，以及保险、信托、国内、国际的货币结算等。从事金融活动的机构主要有银行、信托投资公司、保险公司、证券公司、投资基金、证券交易所等。金融行业市场容量巨大。

随着经济的发展和市场的扩大，对金融服务的需求也越来越多。紧跟经济发展的步伐，泛金融行业应运而生。相比于传统金融，泛金融行业范围更广，不仅包括传统金融，还包括与之密切相关、紧密相连的行业，如资产管理公司、投资咨询公司，以及会计师事务所等。总的来说，泛金融行业包括银行、保险、证券、股票、基金、资产管理、期货、信托、交易所、支付、小额信贷、消费金融、互联网金融等（图12-1）。

金融是通过资金的运作从而创造价值。美国哈佛大学著名金融学教授罗伯特·默顿认为，金融体系具有6大基本功能：

（1）清结算和支付功能：金融体系为商品、劳务的交易提供了清结算以及支付手段。互联网金融兴起的一大亮点就是支付方式的巨大变化。

（2）融资和股权细化功能：金融体系可以通过合法的手段融合资金，使得资金从一方流转到另一方，在资金流转的过程中实现了资金的整合，即融资。融资对于大型项目的建设，以及有发展潜力的企业而言是至关重要的。股权融资就是将大型投资项目划分为小额股份，以便中小投资者进行投资参与，这样的分配实现了股权的细化。

图 12-1　泛金融行业图谱

（3）资源配置功能：单个投资者往往很难对市场投资环境以及公司投资预期做出合理判断。金融中介机构承担了帮助投资者做投资决策的功能，分散了投资风险，优化了社会资本投资配置。

（4）风险管理功能：由于金融市场上交易成本和信息的不对称性，金融投资存在高低不同的风险。金融体系可以对风险进行定价、交易、分散及转移。使得金融市场风险得到合理分配。

（5）激励功能：这里的激励主要指的是股权问题。对于企业而言，如果其员工拥有企业一定的股票或股票期权，就能实现对员工的激励。

（6）信息功能：在金融市场上，筹资者可以获取各种不同融资方式的成本信息，投资者可以从中获取投资品的价格以及价格影响因素的信息。

金融的本质是信用，因为有了信用，才能够在不同的时间、地点，以及不同的参与者之间进行资金的流通和配置。因此，金融业有着大量这样的中介机构存在，包括银行、第三方支付、资产管理机构等。但是这种中心化的模式存在很多问题，中心化意味着各中心之间的互通成本高，沟通费时费力，运作效率低，并且中心化的节点容易遭到攻击和篡改，数据不安全。

12.1.2　泛金融领域存在的问题

金融体系发展至今，已经形成了稳定的规模和结构，在实际运作过程中，依旧存在一些有待改进的问题。

- **跨境支付周期长、费用高**：金融行业承担着支付的功能。在进行商品及劳务交易的双方，根据情况的不同，可能有多种不同的支付方式。根据

第 12 章
泛金融领域：天然契合

交易的主体方可以归结为直接和间接两类，直接支付即支付和收取行为同时发生，不需要第三方的担保或周转。间接支付即交易双方需要以第三方支付公司为中心，经过第三方公司的记账核算，才能最终完成支付。跨境支付由于双方地理位置问题、信任问题，都需要第三方公司的周转。而实际跨境支付到账周期基本都在一周左右，并且费用较高。如 PayPal，普通跨境支付交易手续费为 4.4%+0.3 美元。

- **融资周期长、费用高**：对于中小企业的融资而言，第三方征信机构需要花费大量的时间去审核企业的各种凭证以及账款记录，并且给出的融资费用都较高。
- **票据市场中心化风险较大**：票据市场依赖于中心的商业银行，一旦中心服务器出现故障，票据市场随之瘫痪，并且市场上一票多卖以及虚假商业汇票的问题也时有出现。
- **底层资产真假难辨**：基金、资产证券化以及各种理财产品，都是对底层资产的包装，以便投资者直接购买。底层资产的来源较为多样，可能是标准化的债券、股票、公募基金，也可能是非标准化的应收账款及收益权等。从底层资产变为直接供投资者购买的产品，需要经过多方主体的参与，交易环节存在信息不对称的问题，各方交易机构对底层资产的真实性和准确性也难以把握。

12.1.3 泛金融领域的发展趋势

随着中国经济的转型升级，业内人士认为，中国金融发展将进入一个新的阶段。该阶段主要有以下几个特点：

1. 金融服务实体经济，利润趋于合理

银行发行货币的速度逐渐放缓，货币政策回归稳健，打压资产泡沫。各金融机构将会更加精准地调控自身的资金需求，提高资金管理水平，银行间互相拆借的频次降低。国家重点战略如供给侧改革、"一带一路"等发展布局都需要金融体系的支持，同时新兴产业和共享经济领域的快速发展，使得金融业将回归于服务文体娱乐、教育医疗等实体经济，社会基础设施的投资将会增多，金融业利润将趋于合理化。

2. 金融市场结构优化，直接融资增多

金融体系中各金融机构之间的业务往来增多，融资结构发生改变，过去融资占主要地位的局面逐步转变为融资和资产管理并重的格局。间接融资，即银行作为资金的中间方，将个人及企业存款用于投资的形式逐步减少。直接融资，即发行有价证券的形式逐步增多。从社会融资规模的存量和增量结构来看，直接融资的比重都在增加。融资模式以银行主导逐渐转化为市场主导。

3．服务用户痛点痒点，鼓励创新金融

从近年来互联网金融对传统金融的冲击可以看到，投资者的投资渠道日益多元化，理财意识和理财需求均有提升。年轻客户基本摒弃传统的存款业务，更偏向于数字化渠道的金融服务。理财产品不断增多，使得客户忠诚度和黏性下降，具有创新性的，能解决用户痛点痒点的金融服务将会获得市场的青睐，得到可持续发展。

4．新科技进入金融圈，促成巨大变化

近几年大数据、云计算、人工智能以及区块链技术已经被炒得火热。新技术也就带来了新的发展机遇。金融界可以利用大数据分析，精准定位客户需求，实现精准营销。低成本的云计算也为财务分析核算提高了效率。基于去中心化思想的区块链技术在金融领域的应用也有了不少尝试。随着科学的发展和技术的进步，给金融体系带来的变化可能是惊人的。

从以上发展趋势来看，金融体系已经逐渐步入一个更为合理的阶段，这个阶段要求金融机构跟上时代和科技的发展步伐，以市场需求为导向做好融资业务，推出创新型理财产品，更好地服务于国家和实体经济。

12.2　区块链+泛金融领域

12.2.1　区块链+泛金融的可行性简析

首先，金融是一种信用交易，信用是金融的基础，而金融最能体现信用的原则与特性。目前，为了解决交易中的信用问题，基本都是采取第三方信用中介，比如银行、政府等。某种程度上，这样的机构是有存在的价值的，可以为我们降低交易的信用成本，保障交易正常进行，但是我们需要为此付出一些成本，常见的就是各类手续费。而区块链作为一种分布式账本技术，其账本信息公开透明、不可篡改，可作为一种征信、授信的手段，降低信任成本，**将传统的对中心化信用机构的信任转变为对区块链账本的数据信任**（图12-2）。

其次，**区块链技术可作为货币提供价值流通的功能**，更好地融入金融行业体系。因此区块链技术与泛金融行业具备强适配性。

最后，在技术层面，**现代泛金融行业的业务活动本身具有数据的性质**，如

第12章
泛金融领域：天然契合

账户管理、交易操作等本身就是数据的修改、传输，属于区块链技术易于产生应用的行业。

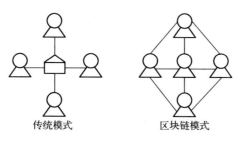

图 12-2　传统模式和区块链模式对比

区块链作为一项新的技术，虽然其底层支撑技术还处于一个不断被探索和发展的阶段，尚不十分成熟，但**由于其天然的优势——去中心化，信息不可篡改，匿名性、智能合约、开放透明性、结合金融领域本身就具备的高度数字化的特征**，区块链在金融领域的应用探索已经极为火热。泛金融行业包含的细分领域非常多，但是区块链技术的应用点极为相似，主要集中在联盟链以及智能合约方面，下面主要概述以下五大应用场景。

1. 数字货币

在整个国家体系中，货币的发行完全由政府领导，一方面中央政府的发行，可以保证国家货币体系的稳定，但是从另一方面来看，中心化组织去发行货币，不容易对市场有很好的判断，从而导致货币发行量远超于市场需求量，引起通货膨胀。

为了解决上述问题，数字货币的出现让人们看到了一丝希望。数字货币是基于区块链技术在网上发行和流通的货币，它区别于虚拟货币，可以用于真实的商品和服务交易。**比特币是目前区块链技术最广泛、最成功的运用，不需要中心化机构或者第三方认证便可实现点对点的交易。**与法定货币不同，比特币没有集中的发行机构，不受任何机构、政府的管控，任何一个人都可以在任何一台接入互联网的计算机上生产、购买和销售比特币。比特币的数量是有限的，一方面保证了人们获得比特币需要付出相应的成本，从而确保了无法大量生产比特币来人为操纵币值；另一方面有限的数量也有效地避免了整个体系通货膨胀的问题。

数字货币虽然有着一些独特的优势，但是整体来看数字货币还是存在很多风险。**首先，经济泡沫的问题**，在比特币基础上，又衍生出了大量其他种类的去中心化数字货币，其中有很大一部分并没有实际价值，变成了一些不法分子圈钱敛财的金融工具。而且目前大家关注的并不是其本身的价值，而是去投机，从而获利。**其次，技术风险**，著名的案例如比特币交易所 MT.GOX 曾因安全漏洞从而遭到黑客入侵，损失高达 4.6 亿美元，此后破产。**最后，政策风险很高**，由于数字货币的出现直接影响了传统货币的地位，这也撼动了中央政府的权力，并且数字货币的无国界化也对各国的监管提出了极大的要求，不少不法分子利用数字货币的匿名性进行非法交易，从而逃避政府监管。

2. 支付清算

现阶段商业贸易的交易支付、清算都要借助银行体系。这种传统的通过银行方式进行的交易要经过开户行、对手行、清算组织、境外银行（代理行或本行境外分支机构）等多个组织及较为冗长的处理流程。正因为有这么烦琐的处理流程，因此有一个可信任的中介机构是极其重要的。并且在此过程中，**每一个机构都有自己的账务系统**，彼此之间需要建立代理关系，每笔交易都需要在本银行记录，并且银行之间的信息是独立存在的，交易双方的信息都是内部孤立使用，信息不透明导致了以下几个问题。

- **成本高**：每笔交易都需要收取相应的手续，并且用户在这个过程中没有话语权，完全由银行或者第三方机构定价。
- **效率低**：交易双方的银行体系独立存在，所有的信息都需要经过双方的体系验证之后，才可以实现交易过程，整个过程耗时较长，特别是跨境交易，还需要考虑时差，银行是否正常营业等因素。
- **安全性差**：发达国家之间的跨境业务体系较为完善，部分落后国家的银行体系十分薄弱，这就让不法分子有机可乘，存在很高的不安全性。

与传统支付体系相比，区块链支付可以为交易双方直接进行端到端支付，不涉及中介机构，在提高速度和降低成本方面能得到大幅的改善。比如 A 和 B 两家银行分别上链，作为链条中的两个节点，A 向 B 发送 10 枚比特币，当这条信息被广播到全网时，每个收到这条消息的节点就会记录下来，参与的各个节点都可作为相应的认证方，如图 12-3 所示。

图 12-3 交易示意图

尤其是跨境支付方面，如果基于区块链技术构建一套通用的分布式银行间金融交易系统，可为用户提供全球范围的跨境、任意币种的实时支付清算服务，跨境支付将会变得便捷和低廉。**区块链技术的解决方案改变了各银行系统之间独立运作的现状，各家金融机构可以联合起来成立一个联盟链，基于区块链技术可以生成一个分布式的账本系统，每个参与的金融机构都是该联盟链中**

第 12 章
泛金融领域：天然契合

的节点，参与一致性算法。各银行之间的数据库就不需要相互对账，并且支付交易也不需要第三方清算机构来进行结算，真正做到减少中间成本，提高整个行业的效率。

- **降低操作成本**：区块链为点对点支付提供了可能性。应用区块链技术，金融市场的每一个个体都可以链接在链上，并建立自己的账户。无论是商品、劳务交易引起的支付行为，还是链上进行的已经数字化的资产交易行为，都直接在交易双方进行，完全去掉了第三方清算机构的参与，提高信息传递效率，降低信息传输以及错误频率，提高了交易速度，降低了交易成本。
- **提高交易速度**：区块链往往使用点对点的网络结构进行布置，有助于简化流程、提高结算效率，并可以实现全天候、24 小时转账支付业务，减少资金闲置时间。同时，在泛金融系统中传递的大量票据、凭证等，通过上文所述的信用系统，客户、机构可快速获得资质证明，避免烦琐的票据流程。

3. 数字票据

票据是交易过程中债权债务的表现，是一个信用工具。票据的承兑可以满足企业的支付结算，促进资金周转和商品流通，并且也是企业短期融资的渠道之一，票据作为信用背书，可以为企业方便快捷地获得部分低成本的资金。票据主要是纸质票据和电子票据两种，电子票据相比于纸质票据非常便捷，但是我国票据的电子化程度有待提高，目前市场上主要还是以纸质票据为主，**其中人工操作的环节很多，在业务处理中有大量的审阅、验证各种交易单据以及纸质文件的环节，不仅花费大量的时间及人力，并且容易出现操作失误的可能。票据业务中间有着很高的流动性，从而滋生了很多违规操作，存在管控漏洞。**从票据交易场景来看，整个流程分成出票、流转和承兑三个阶段。

- **在出票环节，最容易出现问题的是如何保证数据的真实性。**利用区块链技术，可以将所有的背景数据上链，将开票的信息进行全网广播，再加上区块链的不可篡改性和可追溯性，各节点都可以查看和验证开票信息的真伪，确保票据没有被滥用。
- **在流转环节**，往往会因为信息不对称，企业间难以找到合适的交易对手，造成贴现成本高、风险大等问题。如果采用区块链技术，可以在全网广播融资需求，或者利用智能合约的形式自动匹配对口出资机构，信息透明化后，融资成本及风险大大降低，效率也大幅度提高。
- **在承兑环节**，主要是把之前的票据换成资金，票据的到期日在出票阶段则已全部确定，可以直接写入智能合约。在到期日时，持票人可以自动发出承兑申请，并在收到账款后，将信息自动打包记录在区块中。这可以有效解决逾期的问题，并且可以确保账单前后一致。

区块链技术的应用，可以有效地解决整个交易过程中的相关问题，主要可以带来以下几个改进：

- **实现票据价值传递的去中心化**：在传统票据交易中，往往需要由票据交易中心进行交易信息的转发和管理；而借助区块链技术，则可实现点对点交易，有效去除票据交易中心角色。
- **能够有效防范票据市场风险**：区块链由于具有不可篡改的时间戳和全网公开的特性，一旦交易完成，将不会存在赖账现象，从而避免了纸票"一票多卖"、电票打款背书不同步的问题。
- **系统的搭建、维护及数据存储可以大大降低成本**：采用区块链技术框架不需要中心服务器，可以节省系统开发、接入及后期维护的成本，并且大大减少了系统中心化带来的运营风险和操作风险。

4. 证券交易

证券发行与交易的流程手续烦琐且效率低下，并且底层资产真假无法保证，出现参与主体多、操作环节多、交易透明度低、信息不对称等问题，造成风险难以把控。除此之外，各参与方之间流转效率不高、各方交易系统间资金清算和对账往往需要大量人力物力、资产回款方式有线上线下多种渠道，无法监控资产的真实情况，还存在资产包形成后，交易链条里各方机构对底层资产数据真实性和准确性的信任问题。

从用户角度来看，投资者需要委托证券经纪人下单买卖股票，股票在接受委托后，按照投资者的价格进行申报，然后在交易所自动匹配价格与需求，完成交易。当交易完成后，证券登记结算公司需要对买卖双方进行结算和交割，然后委托银行进行相关款项的发放。整个流程涉及的参与方多，过程冗余。目前证券交易采用的是"T+3"的结算日期，实际资金需要 3 天才能到账（图12-4）。

图 12-4　证券交易流程

利用区块链技术，可以替代中间机构，买卖双方可以通过智能合约的形式自动配对，然后自动完成交易结算，不需要第三方机构的参与。这大大提高了交易速度，节约了交易费用，并且整个数据进行打包放在链上，可以有效避免一些争议。

第 12 章
泛金融领域：天然契合

5．保险服务

近年来，我国保险产业的市场增长速度非常快，这也表明了我国保险市场需求巨大。但是整个保险业相对比较传统，有一些互联网保险的创新，但是都只是表层，并没有真正解决问题。

- **欺诈保费**：这是整个保险业一直以来都有的问题，对于这些额外需要赔付的保单，直接增加了保险公司的赔付数额，保险公司为了抵消成本，不得不增加保费，这也间接增加了用户的成本。
- **信息不对称**：现在的保险一般都由第三方的代理商来维系用户和公司的关系。由于公司跟用户双方没有直接联系，代理商可以从中进行相关的操作，达到自己利益的最大化，损害整体效益。
- **理赔过程烦琐**：传统的保险理赔极为烦琐，需要一系列跟保险相关的证明，并且保险公司需要提供大量的人力、物力去进行核实，整个过程历时长，效率低。

随着区块链技术的发展，未来关于个人的健康状况、发生事故的记录等信息可能会上传至区块链中，使保险公司在客户投保时，可以更加及时、准确地获得风险信息，从而降低核保成本、提升效率。区块链的共享透明特点降低了信息不对称，还可降低逆向选择风险；而其历史可追踪的特点，则有利于减少道德风险，进而降低保险的管理难度和管理成本。

- **降低骗保风险**：记录在区块链上的信息具有可追溯和不可篡改性，利用区块链记录客户信息，可以有效降低信息虚假的可能性。
- **信息透明化**：利用区块链技术可以最大限度解决信息不对称的问题，保险公司可以准确有效地了解用户的个人信息，简化投保流程。更容易直接与用户形成联系，更加充分地沟通和交流。
- **智能合约自动理赔**：利用区块链智能合约条款，只要达到理赔条件，则可以触发理赔，保单直接自动支付赔偿金额，中间无须保险人进行申请，保险公司对各项信息进行审核，大大提高了效率。

总的来说，由于金融行业的高度数字化特征，以及区块链技术的发展和优势，区块链+金融在业内极为看好，区块链注定是金融行业未来重要的发展方向。

12.2.2　区块链+泛金融的优势

业界普遍在探索区块链在金融领域的应用，总结起来，是因为区块链+金融有以下几个明显的优势：

1．点对点，建立信任

区块链为点对点支付提供了可能性。应用区块链技术，金融市场的每一个个体都可以链接在链上，并建立自己的账户。无论是商品、劳务交易引起的支付行为，还是链上进行的已经数字化的资产交易行为，都直接在交易双方进行，完全去掉了第三方机构的参与，提高信息传递效率，降低信息传输以及错误频率，提高了交易速度，降低了交易成本。

2. 自动执行协约，降低贸易成本

通过应用"智能合约"技术，金融从业者可把交易内容通过编写程序的方式录入区块中。由于区块具有不可篡改的特性，只要触发交易发起的条件，交易将自动进行，欺诈等行为难以发生。这一技术有助于泛金融公司降低成本，提高交易量。

3. 简化结算流程，提高结算效率

区块链往往使用点对点的网络结构进行布置，有助于简化流程、提高结算效率。

4. 提高网络安全性能，进一步了解客户信誉

通过构建一个基于区块链的交易系统，客户的交易历史可在链上完整呈现，而客户已经开始但尚未结束的交易活动（如期权、债券交易等）也可通过"智能合约"等技术一并呈现、执行。有赖于区块结构的设计（如 Merkle 树等），这些信息是不可篡改、不可删除的。如此一来即可在很大程度上避免了如 TCP 网络等带来的技术风险。

另一方面，这一设计保证了客户信息的完整性和准确性，使得金融从业者可以利用数据和分析，对客户进行准确的信用评估，挖掘客户的潜在价值。简化授信流程、提高授信能力。无论是传统金融业，还是非传统金融业，均可通过重新构建精细的客户信用系统而从中获益。

5. 信息共享，优化市场

在底层资产经过拆分、整合，变成理财产品的过程中，由于区块链透明化和不可篡改的特点，各交易机构可以清晰地看到底层资产的真实性，投资者也可以看到理财产品是经过哪些底层资产包装而成，极大地提高了资产价值的透明化，以便投资者更好地做出投资决策。另外，区块链的透明化也可以做到各资产管理公司业绩的透明化，投资者可以清楚地看到资产管理公司的资产管理水平，以决定资产的委托。透明化的市场形成了一种公众监管的形式，优化了金融市场。

6. 不可篡改，天然确权

区块链的不可篡改性即意味着永久性，这在资产确权方面很有用武之地。区块链技术理论上可以应用到任何类型的资产确权，最关键的因素在于是否容易上链，而是否容易上链关键则在于是否具有对应实物（或服务）。实物（或服务)交易需要在线下实际完成物品的转移(或服务的完成)。而金融产品则很不相同,金融产品数字化程度很高,上链十分简单,只需要在链上完成交易即可,不需要涉及线下。

因此,区块链技术在股票、债券等买卖上具有天然的优势。链上个体根据私钥可以证明股权的所属,股权的转让只需要在链上通过智能合约执行,记录永久保存不可篡改,产权十分明晰。另外,由于交易记录具有完整性和不可篡改性,在对企业的业务账单进行财务审计的过程中,极大地方便了交易凭证的获取,账单的追踪等问题,大大提高了审计效率,降低了审计成本,方便了对企业行为的监管。

12.2.3 区块链+泛金融的阻碍和限制

区块链在金融方面的应用仍然有以下一些缺点和限制问题。

1. 交易频率限制

在区块链技术中,由于区块的大小、区块创建的时间受到限制,区块链每秒可处理的交易数量亦因此有所限制。比特币只能支持平均每秒约 7 笔交易的吞吐量,这一速度显然远远不能满足目前金融系统的需求(如 VISA 系统的处理均值为每秒 2000 笔,号称峰值约为每秒 56000 笔)。这一限制有望随着区块链技术的进一步发展得到解决。

2. 速度的保证

区块链的特点即分布式,并且要求保证一致性。链上任何一次交易都需要 51%节点计算结果一致才能进行,对于大规模实时交易的情况就难以保证。比如目前最大的区块链应用——比特币,每一次交易都需要大约 10 分钟的计算时间。而且随着区块链连接的节点越来越多,区块链的同步效率也会下降。这使得目前区块链的应用基本都是针对交易频率较低的场外交易,在场内交易依旧有技术上的局限。将来希望区块链技术能保证每天上万亿美元的大规模交易,还需要进行更多技术上的完善。

3. 安全的保障

如前所述,区块链底层技术仍然不够成熟,搭建的较小的区块链平台在实际应用中仍然存在一些问题。将区块链技术应用到广阔的金融市场上,依赖于未来底层技术的足够完善,以保证区块链大平台的稳定和安全。

另外区块链的安全性在于没有任何中心化机构存储了用户的私钥,每位用户的私钥是完全保密的,仅由自己保存。在金融领域里,用户的私钥关系着自己的投资产品、资金等,一旦用户私钥丢失,其补发和身份验证问题的解决也需要考虑周全。建立了区块链平台之后,将金融机构的原有业务进行迁移也会有一定的风险，实际操作应该加以具体考虑。

4．监管的困难

金融市场是国际化的市场，区块链的去中心化也给监管带来了困难。如若将来发展到世界各地都在链上，链上用户都可以发行各类资产，对用户司法管辖权的界定有一定的困难，并且规模越大，管理越困难。

5．政策风险

作为一种去中心化技术，区块链可以避免个人资产被托管，能在一定程度上提高安全性。但这一特性也与金融行业反洗钱的规则相冲突，可能面临较大的政策风险。在这一方面，中国监管的态度较为坚决。

12.3 小　　结

从理论上来看，区块链的技术优势和金融领域高数字化的特点，能很好地解决金融领域现存的许多痛点。政府、业界以及学术界都应该关注区块链在金融领域的应用。虽然目前技术上、管理上仍然有许多问题需要考虑，但是从已经落地的区块链+金融的诸多项目上，能看到未来区块链在金融领域的大好应用前景。

1．联盟链和私有链为主：金融行业对于自主可控的要求决定了身份认证、权限管理等模块是必不可少的，同时其受政策监管制约因素较强，决定了目前的公有链还不太适合作为金融机构解决方案，可以先从多中心化或者部分去中心化开始，实现金融行业的信息共享。从交易频率、交易速度等角度出发，联盟链和私有链比较适合现在的市场需求。

2．智能合约应用相对比较成熟：智能合约的应用范围非常广泛，包括众筹、资产管理、保险以及信贷服务等，可以有效减少这些行业中人为审核和沟通的环节，减少沟通成本，使得一些流程化的过程自动执行，同时智能合约强制执行的特点也减少了违约风险，使得"去信任"的交易成了可能。

3．区块链+其他科技：单独使用区块链技术是非常局限的，需要结合大数据、云计算、人工智能、物联网等技术来赋能。比如在进行分布式数据存储的同时，将数据通过云计算的方式结合大数据的技术，在云端进行预测、实现数据分类等。其次，除了本身的一些金融数据以外，还有很多线下的部分，这部分需要结合物联网技术的发展，打通线下链上数据壁垒。

第13章 供应链：链式协同

13.1 供应链现状

13.1.1 基本概念

供应链是指围绕核心企业，从配套零件、制成中间产品到最终产品，最后由销售网络把产品送到消费者手中的，将供应商、制造商、分销商和最终用户连成一个整体的功能网链结构。国家标准《物流术语》将供应链定义为生产与流通过程中所涉及的将产品或服务提供给最终用户的上游与下游企业所形成的网链结构。供应链管理的目标是要将顾客所需的正确产品能够在正确的时间、按照正确的数量、正确的质量和正确的状态送到正确的地点，并使总成本达到最佳化。根据产品的流向，供应链基本关系图可表示如下（图 13-1）：

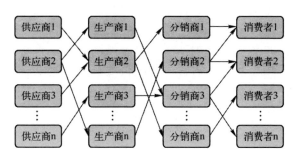

图 13-1 供应链基本关系图

从供应链的概念可以看出，供应链联系着产品供应、制造、分销、零售以及客户等多个复杂的主体（包括个人和企业），不同产品的供应链有很大不同，

区块链浪潮：
连接技术与应用

而且复杂产品的供应链可能跨越了数百个阶段，一个周期将持续几个月甚至更长时间，涉及世界多个地理位置。

实际上，供应链应该是伴随着商业的产生而产生，最初的商业贸易发展到当下，供应链已经有了很大的发展变化。主要体现在以下几个方面：

- **生产**：手工生产基本被取代，原材料、零配件、产品的生产都走上了工业化的道路，生产规模大、效率高，生产实现了全球化，地域化性质已不明显。
- **运输**：人力运输时代已经过去，承担物流功能的基本是货车运输、轮船运输、铁路运输和航空运输。
- **销售**：各种电子销售平台的出现，使得传统的面对面交易逐渐被取代。产品都结合互联网在线上进行销售。
- **交易**：产品交易实现了电子化，与互联网销售相匹配，交易不再以纸币的形式进行，而是由电子交易的形式取代。

在整个过程中，供应链的基本组成要素为物流、信息流以及资金流。物流由上游的供应商往下游的零售商流动，直至到达最终客户，资金流从下游往上游流动，信息流的流动是双向的。**在供应链上，信息流、物流、资金流是三大命脉，信息流指挥物流，物流带动资金流。**

- **信息流**：在商品流通中，所有信息的流动过程简称信息流。包括了供应链上的供需信息和管理信息，它伴随着物流的运作而不断产生，贯穿整个商品交易过程的始终，记录整个商务活动的流程，是分析物流，导向资金流，进行经营决策的重要依据。
- **物流**：是物品从供应地向接收地的实体流动过程中，根据实际需要，将运输、储存、装卸搬运、包装、流通加工、配送、信息处理等功能有机结合起来实现用户要求的过程。**现代物流是经济全球化的产物，也是推动经济全球化的重要服务业。**
- **资金流**：货币流通的过程，资金是企业的血液，资金流是盘活一个供应链的关键。供应链中企业资金流的运作状况，直接受到其上游链和下游链的影响，上游链和下游链的资金运作效率、动态优化程度，直接关系到企业资金流通的运行质量。

总之，资金流、物流和信息流的形成是商品流通不断发展的必然结果，它们在商品价值形态的转化过程中有机地统一起来，共同完成商品的生产—分配—交换—消费—生产的循环。在**供应链中，资金流是条件，信息流是手段，物流是终结和归宿。**

13.1.2 供应链存在的问题

供应链由众多参与主体构成，不同的主体之间存在大量的交流和合作。而实际工作中，供应链信息流阻滞不畅、物流效率低下、资金流问题不断等情况时有发生。综合而言，现阶段供应链管理仍存在的问题如下：

- **信息不透明影响系统整体效率**：供应链的上、下游主体处于一种复杂的博弈关系之中。由于时空、技术等因素造成的信息不对称，一方面使交易的其中一方可建立交易壁垒从而获利，另一方面也使系统的整体成本升高，导致交易的各方均无法获得最大收益。
- **交易双方信任成本较高**：同样由于信息不对称，采购方与供应商进行交易的各个环节，均需采取某些手段对产品进行甄别、挑选、验证等，而供应商亦需提供证明，以便取得对方信任。这一过程是可有效保证可靠性的，但同时对交易的双方产生损耗，提高了双方的交易成本。
- **交易纠纷难以处理**：目前的供应链可覆盖数百个阶段，跨越数十个地理区域，涉及的主体横跨各个行业。当供应链主体之间产生纠纷时，由于交易的复杂程度高，存在着举证极为困难、责任分配难以明确的问题。
- **非法行为追踪困难**：与上述交易纠纷遇到的问题类似，当供应链的产品被发现出现问题时，由于供应链结构高度复杂，追踪产品流程、精准地确定出现问题的环节是一项极为耗时费力的工作。

13.1.3 供应链的发展趋势

据世界银行数据统计，供应链相关行业占据全球 GDP 的 2/3，同时供应链也是世界上拥有最多员工的行业。结合当前供应链管理存在的问题以及供应链行业报告，供应链未来发展的重要方面如下：

- **数据可视化**：信息可视化可使供应链里的所有企业都对于商品在流通过程中的状态有同等的查看权，由此消除供应链上信息不对称的情况，带来系统整体效率的提升。通过合理地分配利益，有可能使得各个主体的盈利均有所增加，由此可进一步增强数据的可视化程度，并就抵御风险等问题在供应链上、下游形成一致的共识。
- **流程优化和需求管理**：通过供应链之间的管控协同、数据可视化，供应链上的实时决策优化、需求预测将变得可能，由此可进一步减弱甚至完全避免"牛鞭效应"带来的影响。目前在该方面已有的研究如 VMI 策略。流程优化和需求管理的最终目标是实现需求和供给之间既不存在量的差别，也不存在供应时间上的延迟，甚至能够达到需求预测，并且进行需求驱动的个性化定制生产。
- **产品溯源**：通过使供应链与物联网等技术的结合，在物料的生产、运输、加工等环节上进行全面监控、记录，更完整地获取供应链上、下游的过程信息，将有助于解决传统供应链行业取证困难、责任主体不明确等问题。

13.2 区块链+供应链行业

13.2.1 区块链+供应链的可行性简析

区块链技术天然地符合供应链管理的需求。首先，区块链的链式结构，可理解为一种能存储信息的时间序列数据。这与供应链中产品流转的形式有相似之处。其次，供应链上的信息更新相对低频，回避了目前区块链技术在处理性能方面的短板。从企业的角度而言，实时了解商品的状态，可以帮助企业优化生产运营和管理，提升效益。推动区块链技术符合各企业主体的利益。

13.2.2 区块链+供应链的优势

区块链上的每一次交易信息（交易双方、交易时间、交易内容等）都会被记录在一个区块上，并且在链上各节点的分布式账本上进行存储，这就保证了信息的完整性、可靠性、高透明度。区块链的这些特点，使得其在供应链中的应用有很多优势。

1. 信息共享，有助于提高系统效率

区块链是一种"分布式账本"，即区块链上的信息（"账本"）由各个参与者同时记录、共享。在供应链管理中使用区块链技术，可使信息在上、下游企业之间公开。由此，需求变动等信息可实时反映给链上的各个主体，各企业可以及时了解物流的最新进展，以采取相应的措施。与 VMI（供应商管理库存）策略类似，这一做法增强了多方协作的可能，**实现信息可视化、流程优化和需求管理，提高系统的整体效率**。

此外，随着信息共享程度的提高，不仅是供应链上、下游的主体可以获得更多收益，**处于同一层级的竞争企业之间也可取得更高的总体盈利**。在成本、市场信息不透明的情况下，具有竞争关系的企业之间会在物料或产品价格上进

第 13 章
供应链：链式协同

行博弈，该博弈关系可简单用如下的古诺博弈模型来表示：市场中两个企业生产同一种产品并进行竞争，产品的逆需求函数为 $P(Q)=a-Q$，其中 $Q=q_1+q_2$，q_1 及 q_2 分别为企业 1 和企业 2 的产量，两个企业的生产技术一样均为 $c_i(q_i)=cq_i$。但产品需求具有不确定性，产品需求为高（$a=a_H$）的概率为 θ，产品需求为低（$a=a_L$）的概率为 $1-\theta$。企业 1 知道需求高低的情况，而企业 2 不知道。两个企业根据以上信息选择各自的产量。令企业 1 的收益为 π_1，产量为 q_1，企业 2 的收益为 π_2，产量为 q_2。企业 1 知道需求的高低情况，即在两种情况下均需达到最优。

在需求高时：$\max_{q_1} \pi_1 = q_1(a_H - q_1 - q_2 - c)$；

在需求低时：$\max_{q_1} \pi_1 = q_1(a_L - q_1 - q_2 - c)$；

企业 2 不知道需求的高低情况：

$$\max_{q_2} \pi_2 = \theta q_2(a_H - q_1(a_H) - q_2 - c) + (1-\theta)q_2(a_L - q_1(a_L) - q_2 - c)$$

联立以上，求导解得：$q_2^* = \dfrac{a_L - c + \theta(a_H - a_L)}{3}$；$q_1^*(a_H) = \dfrac{2a_H - a_L - c - \theta(a_H - a_L)}{6}$，$q_1^*(a_L) = \dfrac{a_L - c - \theta(a_H - a_L)}{6}$。此为信息不透明的博弈结果。

当信息完全透明时，由于两个企业对称，解得：$q_1^*(a_H) = q_2^*(a_H) = \dfrac{a_H - c}{3}$

$$q_1^*(a_L) = q_2^*(a_L) = \dfrac{a_L - c}{3}$$

为阐述说明信息透明与否这两种情况下企业的总收益，可代入简单的数值进行分析。

令 $a_H = 10, a_L = 6, c = 2, \theta = 0.5$，代入计算可得：

信息透明时：$\pi_{总} = \pi_1 + \pi_2 = 10$；信息不透明时：$\pi_{总} = \pi_1 + \pi_2 = 14.22$。可以看出，**信息透明情况比不透明情况企业总体效益提升了近 50%**。

2．多主体参与监控、审计，有效防止交易不公、交易欺诈等问题

在传统的交易中，通常使用单一的中心机构实现交易行为的认证（图 13-2）。认证中心需要较高的运营、维护成本，获取的数据受限，并存在数据被不法分子篡改、盗窃、破坏的可能，对企业进行数据共享有一定阻碍。

与传统的独立中心认证相比，基于区块链的供应链多中心协同认证体系不需要委托第三方作为独立的认证中心，由各方交易主体作为不同认证中心共同来认证供应链交易行为（图 13-3）。供应链上、下游企业共同建立一个"联盟链"，仅限供应链内企业主体参与，由联盟链共同确认成员管理、认证、授权等行为。通过把物料、物流、交易等信息记录上链，供应链上、下游的信息在各企业之间公开，由此监控、审计等功能可由各交易主体共同进行公证。这样一来，各个节点之间竞争记账、权力平等，由多交易主体构成的认证机构可有效防止交易不公、交易欺诈等问题。如果某一个交易主体单独或者联合其他交易主体试图篡改交易记录，其他交易主体可以根据自己对交易的记录证明其不法行为，并将其清理出供应链。

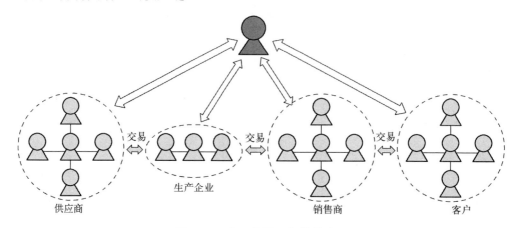

图 13-2 中心化认证机构模式

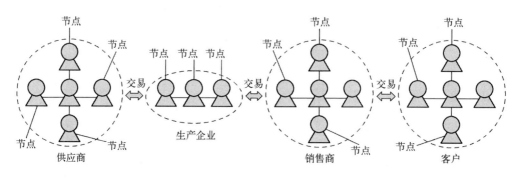

图 13-3 去中心化体系示意图

3. 确保数据真实性，有助于解决产品溯源、交易纠纷等问题

通过应用区块链技术，供应链上、下游的信息可写入区块中（如某年 3 月 25 日供应链上的交易信息写入一个区块，3 月 26 日的交易信息写入下一个区块），而区块与区块之间由"链"连接（图 13-4）。而区块的内容与区块之间的"链"信息均通过 Hash 算法等方式加密，可确保区块内容不可篡改、区块之间的连接安全可靠。而由于采用分布式的结构，供应链上的各参与方均存有链上的全部信息，这进一步确保了数据的真实和可靠性。以上技术可保证因谋取私

第 13 章
供应链：链式协同

利而操控、损毁数据的情况几乎不可能出现。

图 13-4　区块与链的关系示意图

因此在供应链中，当物联网提供的如货物来源、基本信息、装箱单信息、运输状态等信息准确可靠时，该信息被上传记录在区块链后，区块链技术可保证信息后续的传播、追加等是安全、透明的。通过对链上的数据进行读取，可以直接定位运输中间环节的问题，避免货物丢失、误领、错领或商业造假等问题（图 13-5）。这一技术尤其适用于稀缺性商品领域，通过把生产、物流、销售等数据上链，可确保产品的唯一性，保障消费者权益，**杜绝假货流通的可能**。此外，当交易纠纷发生时，可快速根据链上信息进行取证、明确责任主体，提高付款、交收、理赔的处理效率。

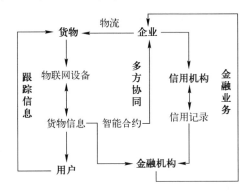

图 13-5　物联网可为供应链提供基础数据

4．降低沟通成本

一方面，区块链技术可以帮助上、下游企业建立一个安全的分布式账本，账本上的信息对各交易方均是公开的；另一方面，**通过"智能合约"技术，可以把企业间的协议内容以代码的形式记录在账本上，一旦协议条件生效，代码自动执行**。譬如采购方与供应商进行交易时，即可在链上创建一条合约，合约内容是**物流数据表明货物已经抵达地点时，货款发送给供应商**；这样一来只要**物流抵达的信息发出，货款将自动转出**。由于区块链数据是安全不可变的，智能合约上代码的强制执行性，使得赖账和毁约不可能发生。利用智能合约能够高效实时更新和较少人为干预的特点，企业可实现对供应商队伍的动态管理，以及对供应链效率的提升。**利用区块链技术对零配件供应商的设备等相关信息**

登记和共享，可以帮助在生产淡季有加工需求的小型企业直接找到合适的生产厂商，甚至利用智能合约自动下单采购，从而达到准确执行生产计划的目的。这些小型企业可以跳过中间商环节，从而节省成本；同时，这也有助于激活生产厂商的空置产能（图 13-6）。

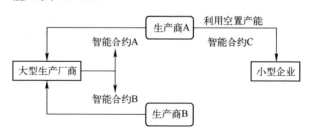

图 13-6　智能合约在供应链中的应用

5．增强企业信誉，助力供应链金融发展

结合区块链技术，供应链上、下游企业之间的交易及票据信息都汇聚在链上，区块链的分布式账本技术决定了信息的不可篡改。同时，区块链的"智能合约"技术可以自动按条款强制执行支付结算等操作，充分揭示企业的潜在收益。将企业的历史交易信息进行收集和大数据分析，利用一定的数据建模，能快速准确地获取企业的信用评级以及企业的历史融资情况。不仅可以解决在供应链行业一直存在的中小微企业融资难的问题，也能够轻松引入银行、理财机构、其他企业的投资加盟。达到核心企业、供货企业、投资企业的多方共赢，推动供应链行业的良性发展。**区块链的核心技术——分布式账本技术、加密账本结构技术、智能合约技术等，能降低企业融资成本、提高资金流转效率，为供应链金融更好地发展提供创新解决方案。**

13.2.3　区块链+供应链金融

目前，区块链技术在金融方面的应用较为火热，供应链金融本身是金融属性，具有较强的数字化特性，相对于传统供应链业务更容易上链，因此重点分析和挖掘供应链金融有较大的意义。根据前瞻研究院的预测，到 2020 年，国内供应链金融市场规模将近 15 万亿元人民币。在供给侧改革背景下，2017 年由一行三会和工信部联合印发的《关于金融支持制造强国建设的指导意见》中，明确表示"大力发展产业链金融产品和服务"，鼓励金融机构积极开展各种形势的供应链金融服务。

据世界银行发布的相关报告显示，中国的中小微企业群体在全球规模最大，潜在融资需求高达 4.4 万亿美元，而当前中小微企业能获取的融资金额仅

第 13 章
供应链：链式协同

为 2.5 万亿美元，融资缺口达 1.9 万亿美元。而供应链新兴的很多物流企业、供货方企业都属于中小微企业，区块链技术的应用，将会给这些企业带来福音。

对于供应链中的核心企业而言，与其有商业往来的上、下游企业往往数量庞大。核心企业对于各企业的应收账款等数据的统计和维护往往需要耗费很大的成本。利用区块链分布式记账和智能合约的技术优势，款项的支付和收取成了不可篡改的永久性账本，而且自动执行结算，大大提高了整条供应链的运行效率。

区块链中的 UTXO（Unspent Transaction Outputs，未花费的交易输出）交易模式方便有效地确认了交易的合法性。 区块链上的数字货币不是仅靠物理转移即可完成所有权的转移，这就面临着"双花"问题的风险，即同一名用户可以同时将一笔交易转给另外两位不同的用户，而该用户掌握着私钥，因此这两笔交易都是有效的。以往的密码学货币没法解决"双花"问题。在区块链的数字货币交易里，任何一笔交易都对应了若干的输入（即资金来源）和输出（即资金去向）。区块链中发起交易的输入必须是另一笔交易未被使用的输出，并且需要该笔输出地址所对应的私钥进行签名。**整个区块链网络中的 UTXO 会被存储在每个节点中，只有满足了来源于 UTXO 和数字签名条件的交易才是合法的。** 区块链系统的 UTXO 交易模式杜绝了"双花"问题，确认了链上交易的合法性。

13.2.4 区块链+供应链的阻碍和限制

区块链仍然是一项新兴技术，不够成熟，需要不断地开发和改进。 由于供应链涉及供应商、制造商、分销商、零售商等多方主体，各方之间可能有不同的利益关系和合作关系，尽管区块链的优势比较明显，但是将其直接应用于供应链也还有一定的缺点和限制：

1．产业升级问题

供应链是一个成熟的行业，区块链技术与供应链的结合将大幅提高行业的信息化程度。而与此同时，亦将在短时间带来设施建设、技术普及、人员训练等一系列成本的提高。同时，信息透明化也将带来利益关系的转变，区块链的进入有可能遇到阻力。

2．物联网技术问题

目前将实体产品连接网络的技术有射频识别、二维条码和近场通信等。在区块链上，为了确保信息的顺畅流通，供应链上物流每个阶段的操作步骤都必须进行数字标签，需要在操作前进行安装。如何添加数字标签，以达到追踪实体产品的目的，仍然需要技术解决思路。

3. 数据的安全和隐私

区块链数据透明化，需要考虑清楚哪些数据会放到链上，关系到个人敏感信息或商业机密的信息应该如何处理，还需要细致考虑。对于供应链上的企业而言，商业机密的泄露将会造成巨大的损失，将企业专有的或保密的客户信息透明化或将收到来自企业巨大的阻力。对个人而言，敏感信息的泄露也是不可以的。畅想建立一个区块链+供应链的系统，需要在保证各方数据信息的安全和隐私性的条件下进行。

基于目前区块链技术在金融方面的应用较为火热的现状，将区块链技术应用于在供应链金融，可想而知将有较大的发展势头。

13.3 小　　结

与供应链关联多方主体、跨越时段长、涉及多个地理位置的特点相匹配，区块链高透明化、分布式记账，以及智能合约的优点，将为区块链注入鲜活的血液。在公众越来越关心食品药品安全，关心产品真正价值，抵制假冒伪劣产品的当下，随着各企业在供应链领域的不断探索，尽管区块链在供应链上的应用仍然处于初级阶段，但是相信其真正实现是指日可待的。推动力有以下几点：

（1）区块链的信息透明化可提高供应链上、下游整体效率：使用区块链技术可使信息在上、下游企业之间公开。由此，需求变动等信息可实时反映给链上的各个主体，各企业可以及时了解物流的进展，以采取相应的措施。与 VMI（供应商管理库存）策略类似，这一做法增强了多方协作的可能，实现信息可视化、流程优化和需求管理，提高系统的整体效率。

（2）区块链的不可篡改和透明化降低了监管难度：将供应链的任何一次交易操作都永久地记录在某一个区块上，并透明化于区块链上。无论是对于假冒商品、不合格商品的监督，还是对于供应链上产生纠纷后的举证和责任认定，相关部门的介入要简单很多，使得问题易于解决。

（3）区块链追踪假冒伪劣商品的优势迎合了消费者的需求：目前基于互联网的产品销售模式已经比较成熟，但产品的质量问题一直是公众关心的热点话题，互联网平台的假冒伪劣商品也一直受消费者的诟病。在未来能做到透明化供应链、追踪假冒伪劣产品来源的企业，其产品必定受到公众的广泛认可。

（4）供应链金融或是一个当下切实可行的方案：企业在供应链上的历史交易信息都由区块链技术保证其可信性，由此可帮助金融机构快速对企业进行信用评估，降低企业融资难度、充分体现企业价值。

总之，区块链技术可有效解决供应链行业信息传递滞后、敏捷性低等问题，极大地提高交易信任，有利于流程优化、增强预测等。在技术层面，建立成体系的物联网是区块链技术与制造业企业供应链结合的前提，因此自动化程度较高、标准化程度较高的行业、企业，预计将率先产生区块链技术的应用。同时，区块链技术与供应链金融的结合值得进一步关注。区块链+供应链将会打造出一个安全可靠的供应链体系，政府、企业、个人都将从这种全新的模式中受益。

第14章 公益：共建信任体系

14.1 公益领域现状

14.1.1 基本概念

公益即公共利益，公共指的是对象是针对一定范围内的人，利益即是对该范围内的人提供生存、享受和发展所需要的资源和条件。这里的"一定范围内的人"是非定向的，不是固定不变的，一般是指在某些特定情况下需要得到帮助的人，相对提供帮助的人而言是弱势群体。

公益，也可以理解为对社会公众的福祉和利益。公益涵盖的范围十分广阔，只要是人类自愿从事的非营利性的对公众有益的活动，都可以称之为公益，公益活动有利于提升社会公共安全、增加社会福利、维持社会稳定。目前社会公益事业多指在卫生、救济等方面的群众福利事业。

公益事业的发生本质上是社会进步的一种产物，随着社会经济水平的提高，社会剩余财富也随之增加，这为公益事业提供了资金基础。另外社会文明程度的提高，社会成员的公益意识也随之增强。这使得公益事业得到了不断发展，公益活动逐渐趋于普遍化。

无论任何人，在任何时候，都可以进行公益事业活动，但是单个人的力量是薄弱的，因此诞生了公益组织，公益组织即致力于从事公益事业的非营利性组织。公益组织不同于政府组织和企业组织，有着比较鲜明的特点：非党派性质、不追求利益最大化、以社会公益为首要目标、自主管理等。从概念上来看，公益事业活动种类很多，无论种族民族，无论年龄大小，无论社会层级，无论职业分别，都可以进行公益活动。

从不同的视角，可以将公益组织进行不同的分类。比如按照公益组织的地

第 14 章
公益：共建信任体系

域性分类，按照公益组织的行业性分类，按照公益组织的目标主体分类等，不同的分类没有太多优劣之分，本文从对应于实现公益的三种途径：物资资金类、行动援助类、思想传播类，将公益组织分为对应的三大类进行阐述说明。

（1）物资资金类：通过对受益群体所需条件**提供资金支持或者直接提供所需物资**来达到公益的目的。这主要**包括各类基金会**，以及以物品捐赠为公益形式的公益组织。物资资金类公益组织有：中国红十字会、中国国际慈善基金会、联合国儿童基金会、中国妇女发展基金会等。

（2）行动援助类：通过**提供人为的帮助，来达到公益的目的**，虽然也需要一定的资金来保证公益活动的进行。该类公益组织和物资资金类公益组织的区别就在于前者的资金是用来维持组织成员对弱势群体进行人为的帮助而带来的花费，而后者**主要目的是募集资金和物资，对弱势群体直接提供物资的帮助，或者利用资金来对其提供相应所需的帮助**。人为帮助类公益组织有：关爱老人义工联盟、中国失物招领网、关爱生命万里行、北京国际志愿人员协会等。例如关爱生命万里行，招募具有一定经历和能力的志愿者，进行生命教育、心理援助、知识普及等以关爱生命为主题的活动或者针对性的帮助。

（3）思想传播类：通过进行**各种公益宣传来达到公益**的目的。主要是**给公众传播公益的思想，这种公益组织宣传的对象可以是全社会，也可以集中针对某类群体**。与上一类公益组织类似，该类组织公益活动的进行也需要一定的资金支持，但其资金的支持只是用来维持传播公益思想所需的花费。思想传播类的公益组织有：腾讯公益、感恩中国、公益中国网、《公益时报》等。例如公益中国网立足于公益思想的传播，通过整合多方资源，将最新的公益信息以及现代的公益慈善观传递给更多的人。

实际上，**上述三种类型的公益组织并不是互相独立，毫无关联的，只是各有侧重而已。实际上，每一类公益组织都或多或少地进行了其他两类组织的公益活动**。例如物资资金类公益组织虽然以募集物资或者资金为主，但实际上也有志愿者去提供人为的帮助，并且在公益思想的传播上有一定的作为和作用。事实上很多综合性的公益组织，在募集善款的同时，也招募志愿者进行公益志愿活动，并出版刊物或传播与公益相关的信息，在公益领域有相当大的影响力。

14.1.2 公益领域存在的问题

如前所述，无论是哪一类的公益组织，进行公益活动的过程都必须以一定的公益资金作为支撑。目前完全投身于公益事业的人尚属少数，以公益事业为日常主要活动的多是有爱心的退休人士。对于一般人而言，进行公益活动多是表现在通过公益组织对有困难的人，或者有困难的地区进行善款的捐赠，这是绝大多数人从事公益活动的形式。从公益活动主要涉及的四个主体——捐赠方、公益组织、受捐方、提供钱款服务的金融机构，可以对公益领域存在的问题进行分析。

1. 捐赠方——欺诈问题

针对捐赠方这一角度来看，存在的问题就是欺诈，即"诈捐"。公益事业是为公众提供福祉的，人们固然会对公益行为怀有一种尊敬和赞许。因此不少企业、明星通过对遭受自然灾害的群众或者社会弱势群体进行捐款，一是体现自己的公益之心，二是获得名誉和社会的认可。但这些年来陆续有不少明星陷入诈捐门的报道。这些事件爆发后，明星不仅名誉受损，事业也遭受了打击。不去深究这些诈捐事件发生背后的原因以及真相。但单从不断爆出的这些诈捐事件来说，本身作为公益的捐款行为，由于事实不清，信息不透明，造成捐赠方的名誉受损，或者公众被蒙骗的可能性依旧存在，这在一定程度上阻碍了公益事业的发展。

2. 公益组织——善款去向

这里最重要的一点就是捐赠方对于善款去向的忧虑问题。捐款的流程一般都是捐赠方将善款捐赠给公益组织，再由公益组织将善款转交给受捐方。而公益组织对善款的使用是否合法，善款是否真正落到了需要帮助的人手里，这正是公益领域最受公众关心，最容易存在问题的地方。2012 年，时任联合国秘书长潘基文曾说 30%的联合国发展援助损失于腐败。因此，公益组织必须具有相当的公信力，才能让捐赠者对善款的使用有一种安全感，完成捐赠行为。

3. 受捐方——骗捐门

公益的本质是对弱者或需要帮助的人提供资源和帮助。但有些不怀好意之人就利用他人的爱心，以欺骗的手段，骗取爱心人士的捐款。受捐者的真实信息应该有一个专门的认定，确认真实之后，才能进行传播，否则一次骗捐门事件，就是一次对公众爱心的践踏和毁灭。

4. 金融机构——交易费用

同其他领域一样，善款就是钱款，钱款的存入、提取、转移，都是由金融机构来提供服务的。金融机构在提供资金的流通服务时，需要收取一定的服务费或者手续费。在捐赠方、公益组织、受捐方三方都不存在欺骗行为的情况下，由于金融机构收取了部分服务费，实际上受捐方获得的善款可能会小于捐赠方捐赠的善款。

从以上四点来看，公益领域存在的问题主要在于三个方面：一是相关方信息的真实和信任；二是公益领域求助信息的发布依靠平台，发布途径有限；三是善款流转的服务费用。

14.2 区块链+公益领域

14.2.1 区块链+公益领域的可行性简析

针对公益领域存在的问题，结合区块链的技术特点，可以发现区块链在公益领域有一定的用武之地。

上述提到的公益组织的几种类型，实际上对应了公益活动的几种类型。对应于不同的公益活动，区块链的应用程度和具体的细节有所不同。

- **资金类**：资金类项目与区块链在金融领域的应用有很大的相似度，由于资金容易上链，转移也有时间戳证明，因此区块链技术的直接应用有很大的便利。
- **物资类**：物资类项目需要和物联网技术相结合，在物联网技术实现了公益物资的上链之后，其流程和区块链公益善款相同。
- **行动援助和思想传播类**：直接或者通过将捐赠人的善款转化成相应的服务、硬件、软件等，使得受捐人受益；或者是提供一定的服务，使得他人、其他机构的能力有所提升。要去核查这类公益活动是否真实，本质上是对行为以及行为效果的一种验证，这是在该类公益活动能进行区块链应用的一种前提考虑，和区块链的优势以及特点没有太大关联。因此不做深入探讨。

如上一章所述，其实无论上述何种类型的公益组织或活动，都需要相应的公益资金进行支撑。从区块链的角度来看公益领域，公益活动可以分为善款环节（易直接上链）和行为环节（基于一定的技术支撑之后可上链）。**因此，区块链+公益领域的应用研究可以集中于善款环节上，这也是公众最为关心的环节，对应于目前公众公益活动参与最多的形式——对受捐人进行善款捐赠，以及善款从捐赠人经过第三方组织到达受捐人的整个流程。**另外对于公益组织是否利用善款进行了人为的帮助、物资的提供和思想的传播，本质上是一种行为或者服务能否上链的问题，可以结合物联网技术以及通过建立一定的评价机制让用户进行评价，从而对这些行为或服务进行验证，具体的解决方案需要细致考虑，这在本文中不做过多论述。

综上所述，结合区块链以及公益领域的特点，公益领域的善款环节是目前较快能结合区块链技术用以解决公益领域的部分问题的，而行为环节需要随着技术发展和通过评价机制的建立来逐步实现。

14.2.2　区块链+公益领域的优势

结合区块链最突出的特点——去中心化、点对点网络、分布式账本、时间戳、信息透明且不可篡改等，将区块链技术运用于公益领域，将会有以下几个优势：

1．公开透明促进各方信息趋于真实

区块链上的信息是公开透明的，各个节点都可以有权限进行查看。将捐赠方捐赠的善款记录在区块链上，善款到公益组织，转手再到受捐方手中。整个过程的信息是公开透明的，各个节点可以追溯善款是否落实到位。这在一定程度上激励了捐赠方、公益组织、受捐方三个主体行为更为合规化。因为一旦故意捏造虚假信息，出现不诚信的行为，就会在链上公开，所有用户都能被广播通知。这在无形中形成了一种公众监管的氛围，有助于促进各方都规范行为，保证信息真实可靠。

2．分布式账本利于违法行为举证

区块链最显著的特点就是其数据信息是记录在各个节点上的，每个节点都有一个账本，记录了区块链上的所有信息。即使其中某些节点被摧毁或者篡改，也不影响其他节点提供同样的数据信息。因此，将公益善款记录在区块链上，由分布式账本的特点保证了信息不可篡改，一旦发生违法行为，相关信息已被记录在各节点上，要追溯违法行为和违法主体，举证就变得简单可信。

3．时间戳获得公众信任

区块链上的数据都是带有时间戳的，用户每一次操作的内容和时间都会生成区块记录在链上。时间戳的特点，使得用户可以查阅任何一位捐赠者的捐款时间，款项转移的时间，使得整个捐赠流程更具可信性。时间戳其实也是对捐赠善款一定程度的可视化，让民众看得见，也就少了对腐败的忧虑。

4．去中心化降低交易成本

基于区块链点对点的特点，在公益领域可以搭建一个不需要第三方组织作为中间方进行善款转移的区块链网络，而是让捐赠方和受捐方直接进行点对点的捐赠行为。基于区块链上的支付，类似于比特币网络，可以消除由于第三方金融机构的财务业务服务而带来的成本。传统银行的转移支付不仅缓慢并且昂贵，有了区块链网络，可以让善款更加快捷，并且降低每笔交易引起的费用。甚至建立起相应的区块链网络，可以让跨地区跨国界的公益捐助更为简单便捷。

14.2.3 区块链+公益领域的阻碍和限制

区块链技术+公益领域固然有显而易见的优点，从捐赠方、公益组织和受捐方各方来看都是有益处的。但是实际运用的时候，也需要考虑可能存在的阻碍和限制：

1．用户身份的识别和保密

要解决"诈捐门""骗捐门"事件，其中很重要的一点就是用户数字身份的识别上链。在公益领域里，要考虑每一个用户的真实身份的核实，并且将其数字身份在区块链上进行认证。用户的身份识别技术已经有了一定的发展，但是具体的数字身份上链在公益领域就显得尤为重要。有了个人数字身份的认定，才能在链上展现真实可靠的信息。另外某些捐赠人倾向于匿名捐赠，并不希望自己的捐赠信息被暴露在链上，因此就需要用到区块链的加密技术对该类用户的个人信息进行一定程度的加密处理，这种加密也需要是可靠可信的。

2．信息上链的核查

用户数字身份信息的上链也是一种信息上链，但是这里要说的主要是受捐方求助信息的上链。区块链应用于公益领域，实际流程和当下的流程也是基本一致的，只是区块链技术提供了更多的技术保障，可以解决公益领域现存的一些弊端。因此，实际捐赠行为的完成也是需要受捐方的受捐信息在链上进行公示，虽然信息透明对每一个用户都有一定的约束力，但是难免有恶意用户可能会捏造信息进行骗捐，因此，在受捐方信息上链之前，就需要一定的核实审查，实际这个过程由何方进行背书，其效力和可信度是否可靠，也是需要考虑的问题。

3．智能合约的严密设计

实际上区块链公益平台的建立，最后应该是一种更少人为干预的状态，那么就需要对于捐赠方、公益组织（可能存在）、受捐方的行为进行细致规定，防止违法、违规行为的发生，以及对这类行为进行一定的惩罚。因此，基于区块链的公益平台应该有相应的智能合约设计，由于公益事业往往和道德相关，在公益活动中暴露的腐败要更为让人所不齿。因此智能合约要充分结合相关的法律规定，对公益活动中的各类行为有清晰的规定，这样才能维持一个良好有序的平台环境。

4．物资、行为的验证

上文中也提到，公益范围较广，除了较为普遍的、公众最为关心的善款捐赠以外，还有很多物资以及行为帮助的公益活动类型。对于这类的公益活动，很重要的一点就是对行为和物资进行识别和验证，形成一定的数据进行上链，这个过程需要的技术和细节考虑较多，实际落地有一定的难度。

14.3　小　　结

　　区块链在公益领域的应用应该区分来看，对于善款环节，类似区块链+金融的应用，能有较快的应用并且具有相当的优势；而对于行为环节，在解决了验证和上链问题之后，区块链技术也能带来同样的优势。

　　总而言之，区块链技术支撑下的公益领域是一番新的面貌：

　　（1）善款追溯是当下可行的方向：对于善款而言，本质都是金融属性的，天然满足区块链数据化的要求，所以是比较可行的方向，并且结合区块链的技术，可以改变传统捐款的一些弊端，比如善款时间戳的可视化记录，善款数据的不可篡改，并且善款的去向信息公开透明。

　　（2）点对点的成本降低：区块链上的交易是可以点对点完成的，可以直接将钱捐赠给指定的人或机构，无须转手多家银行和机构，这将有效减少交易成本。

　　（3）物资类的公益项目取决于资产上链的实现：链下物品的追溯目前还有一定的难度，包括物品的质量、数量等，这些数据需要从线下采集出来，然后进行上链，目前来看这一进程还需要一定的时间。未来物联网技术的不断发展，资产上链就会变得更加简单一点，这一块的公益项目会更容易落地。

　　区块链技术给公益领域的善款环节带来的以上几个变化，本质上更多的是创造了一种使得公众对公益领域的信任机制，大大促进了公益领域的进一步发展，营造了一种良好的社会风气。

第 15 章　数字身份：区块链时代的基石

15.1　数字身份现状

15.1.1　基本概念

数字身份是指将真实身份信息浓缩为数字代码，可通过网络、相关设备等查询和识别的公共密钥。 目前主要的数字身份做法是与公安部身份查询渠道以及身份证信息绑定，并实现相关证件的第三方核实验证，免费网络查询，是目前相对比较成熟的一个应用。随着互联网和数字化的高速发展，数字身份的重要性也在急剧上升。在互联网时代，数字身份信息是分散的，如支付宝存储着交易信息，微信存储着社交信息，游戏存储着相关的娱乐信息，这些不同属性的信息都是个人数字身份的一部分，**属性越全面，身份越完整；数字身份可以通过整合新的信息，对用户有一个全面的刻画。** 例如国家的身份证具备唯一编号，编号本身不具备信息，仅作为个人的认证，但基于编号可以通过手机号、照片等进行信息的填充，完善数字身份的内容。除此之外，身份信息可以来自于生活的方方面面，比如社交、新闻、购物、运动、指纹信息、运动手表记录的运动信息等（图15-1）。

身份是关系的标识，代表着沟通双方之间的联系。从大的范围来看，**数字身份覆盖的范围非常广，小的可以是个人身份，大的可以是公司主体，甚至资产也可以具有数字身份。** 个人身份的属性帮助用户在整个网络中进行正常的生活，包括买卖东西、交易等，公司主体或者资产类的身份有助于与合作伙伴进行合作、交易、谈判等商业活动，数字身份的存在更有利于信息的传递和分享，有利于陌生人之间进行很好的合作。

图 15-1　数字身份信息来源（图片来源：网络公开资料）

身份是一个人在整个网络中的代表，是个人活动的基础。身份的有效性是网络中最关键的因素，是让双方互相信任，从而进行交易等行为的前提条件。身份的使用包括两个过程，一是认证，如一个人出生的同时，国家发放身份证明承认其公民身份；另一个是验证，买火车票、入住酒店等需要出示身份证，该过程就是验证身份的过程。数字身份系统未来想要达到的目标场景其实在现实生活中已经出现，只不过未来是把所有的流程都进行了电子化。比如当一个大学生想要出国留学，大学生就是用户。一般都会让自己的导师写一封推荐信，这封推荐信就是身份的提供者。然后该大学生带着这封推荐信去国外上学，国外接收的老师就是最终的接收方，他会根据自己的判断和对用户的了解，从而觉得是否接受该推荐信的请求。这就是信息认证的过程，如果未来实现电子化，则交易双方之间的信息就可以共享，更好地实现交易和合作。

15.1.2　数字身份存在的问题

数字信息已全面融入国民经济和社会发展的各领域，深刻改变着经济社会的发展动力和发展方式。然而我国数字化转型过程中，存在数字资源开发利用能力不足、数字基础设施尚不完善、数字社会治理面临挑战等诸多问题。基于前文对数字身份基本概念的解释，以及对数字身份现状的简单描述，可以看出，目前数字身份存在很多的问题，亟待解决：

1．"基础设施"搭建不完备

身份的属性有很多分类，不同的应用场景需要不同的身份信息，从而导致了整个社会的身份系统极为凌乱，没有很好地统一协调。比如在个人身份信息

第 15 章
数字身份：区块链时代的基石

领域需要政府的身份系统，才可以去入住宾馆，去注册手机号等；在商业身份信息中，则需要商业登记部门以及行业内相关的部门进行认证审核，从而形成商业的身份信息。类似的系统有很多种，但是系统之间并没有协同起来，系统之间的相互认证需要经历非常复杂的流程。

2．隐私容易泄露

如今人们在互联网上的活动越来越多，使用互联网服务的前提条件就是解决身份问题。目前，各大平台都需要用户进行相应的身份认证，有的需要姓名+身份证号码，也有的需要上传身份证正反面的照片，甚至有一些 app 需要手持身份证的正面照。这些认证手段相对比较简单，用户的体验尚算良好，但是这背后造成了大量个人隐私信息的泄露，让不良利益集团有机可乘，利用大数据分析，精准追踪某一个用户，从而对其进行相应的诈骗，导致用户财产及相关的利益损失。表 15-1 是近年出现的一系列数据泄露事件（不完全统计）。

表 15-1　近年来出现的数据泄露事件统计

时间	涉及机构/企业	事件影响
2018 年 3 月	Facebook	扎克伯格听证会面临 44 名参议员提问，数据泄露涉及用户多达 300 万
2017 年 11 月	美国国防部、亚马逊	五角大楼 AWS S3 配置错误，意外暴露 18 亿公民信息
2017 年 11 月	Uber	Uber 隐瞒大规模数据泄露，还给黑客 10 万"封口费"
2017 年 11 月	趣店	趣店数百万学生数据泄露
2017 年 10 月	Dracore Data Sciences	南非史上最大规模数据泄露，3000 多万客户信息被公开
2017 年 10 月	雅虎	雅虎 30 亿账号或已全部泄露，政监机构参与调查
2017 年 9 月	Equifax	美国信用机构 Equifax 遭入侵，近半用户信息泄露

15.2　区块链+数字身份

15.2.1　数字身份系统简介

数字身份有着不一样的作用和分类，搭建数字身份系统的时候，需要遵循基本的系统原则。目前已有一些数字身份系统出现，主要有以下几种形式：

区块链浪潮：
连接技术与应用

1．内部管理

内部管理是数字身份目前应用最为广泛的方式之一，主要是在一些如学校、企业等团体内部使用。比如在学校里有学生卡，这个卡就是学生信息的代表，用这个卡可以去图书馆看书，去吃饭，进入宿舍楼等，所有的行为认证都可以通过该卡内置的芯片所带信息进行确认，并且不同人的卡也有着不同的权限。

2．集中/联合认证

由一家公司提供数字身份信息，服务于其他场景。这一类主要体现在支付宝和微信的场景中，目前绝大多数的 app 都可以使用微信账号登录，这也意味着微信的数字身份信息可以为用户在别的平台进行认证。除此之外，支付宝的信用分体系也是数字身份的一种代表情况，支付宝利用自己的评价体系，为用户打造了一个数字身份的等级，其他平台基于对支付宝的信任，用户则可以用信用分进行免租金住宿、免租金租车等。

3．外部认证

顾名思义，即通过外部的数字身份信息进行认证，最常见的就是身份证的使用，坐火车、入住宾馆以及银行业务等，提供身份证就可以办理相应的业务。这些业务场景都依托于国家这个强大的外部认证体系。

以上几种情况或多或少都有一些问题存在，比如用户身份信息全部掌握在互联网巨头公司手上，用户的信息就有可能被泄露，被利用。

4．用户为核心

用户可以控制自己的信息，有权选择开放或者部分开放自己的信息，并且有权设置谁可以去访问其信息。一方面可以让用户完全控制自己的信息，不会被别人操控，另一方面可以很好地保护用户隐私，这样用户也会更有动力去上传自己的属性信息。随着用户信息的不断完善，整个身份系统才有价值，才能更好地去服务于参与的每一个人。

5．隐私保护

用户最关心的就是隐私保护问题，这同时也是目前整个数字世界有待解决的关键问题之一。随着互联网的快速发展，大家逐渐从物理世界走进虚拟世界，由此在虚拟世界产生的信息也越来越多。互联网的联网特性决定了其有被攻击的可能性，从而也导致了数据会被盗取或者泄露的可能，数字身份系统如何有效地保护数据的安全，有待深入研究。

6．兼容性

数字身份系统的搭建是一个漫长的过程，在这个过程中，用户在不断创造信息，这些信息的属性是多种多样的，并且都是跟用户直接相关。所以所做的

第 15 章
数字身份：区块链时代的基石

系统需要有可拓展性，可以很好地服务于用户各类不断变化的需求。随着信息或者属性的增多，用户的数字身份信息就会越来越完备。

7. 开放性

用户在不同的场景中所留下的信息属性是不一样的，为了提高整个社会的效率，各系统之间应该有很好的开放性，比如医院的信息可以跟保险公司的信息互相打通，保险公司在用户的许可下，可以轻松访问其健康方面的信息。

15.2.2 数字身份系统优势

综上所述，数字身份系统如果搭建完成，整体社会效率会提高，各方都会从中获益，主要从用户、服务提供方以及政府三个层面进行分析：

- **用户**：用户可以有效地保护自己的隐私，可以控制谁有权访问个人信息，并且可以决定在何时何地以其想要的方式去公布自己的信息。除此之外，信息的不断完善也有助于用户去跟陌生人进行交易，不必再去证明"你妈是你妈"等问题。
- **服务提供方**：服务提供方可以去访问用户身份信息，一方面可以天然地达成双方的信任，另一方面可以针对其特定的属性进行相应的定制化服务和产品，这样也省去了中间反复沟通的成本，简化了整个交易流程，并且可以有效地降低交易的风险。比如金融机构在给用户进行贷款的时候，就不需要用户出具各类证明，这些资料直接在数字身份系统中就存在，未来有可能的话，可以对用户的这类信息进行相应的评级，不同的等级对应着不同的贷款额度，这样一来金融机构在风险控制以及办事效率上，都会有大幅度的提高。
- **政府**：政府通过数字身份系统可以更高效地与公民进行沟通，节约大量的时间和成本。针对不同属性的公民，政府可以对其进行相应的辅助，并且从监管部门的角度出发，监管部门可以对任何一个人进行监管，更加有效地控制整体社会的稳定性。

总的来说，数字身份系统的出现会最大程度释放用户的价值，基于用户价值的前提，整体社会效率会大幅度提高。

15.2.3 区块链+数字身份

区块链和数字身份是相辅相成的关系，用区块链技术来服务于数字身份，归结起来有以下几个优势：

1. 数据真实有效

基于区块链不可篡改的特性，区块链可以有效地保障身份数据的真实性。

这一部分需要在数据上链之前，出具权威的信用背书（如政府的认证），再把这些数据上链，链上数据是真实有效的。除此之外，链上每一个数据都是在大家的"监督"下被真实完整地记录在各个节点之中，证据充分且可追溯。系统对所有用户进行开放，所有参与者都有可能获取其他个人的信息，这个信息的获取需要当事人的授权。

2．隐私安全保护

区块链的非对称加密机制，有效地保障了用户隐私安全的问题。区块链一方面可以保障用户隐私不会被其他任何人随意使用，使用权都在用户自己手上（而非企业手中）。另一方面在交易过程中，双方的隐私都可以得到很好的加密处理，外人对其交易行为的了解只局限于过程层面，双方的信息都是不公开透明的。

3．明确所有权

目前，用户在互联网上的各类信息都是掌握在互联网企业手上，这些企业可以随意去利用你的信息做一些商业行为。从用户的角度出发，如果用其个人信息去做商业活动，应该得到其授权。**利用区块链技术的分布式存储，也许可以实现该功能，但是技术上仍需一段探索过程。**

4．数据共享

目前各个互联网平台之间相互独立，各自都保守着自己的核心数据。利用区块链技术，在各大平台之间搭建联盟链体系，依靠相应的智能合约、共识机制以及激励制度，可以有效地驱动企业去共享数据，促进行业信息流通和整合。**数据的来源是用户，各渠道数据整合优化，也就意味着可以让用户有一个更好的数字身份。**

15.2.4 区块链+数字身份的阻碍和限制

区块链技术作为一项新兴技术，虽然政府也在推行，业内也在探索，但是实际上区块链技术依旧存在着很多需要改进的地方。从目前区块链技术和数字身份的特点来看，区块链+数字身份依旧有一些阻碍和限制：

1．数据上链的真实性

区块链技术可以很好地保证链上数据的真实有效性，但是链下数据的上传有可能存在风险。线下的数据需要一个权威机构来进行认证。基于其认证结果，然后将该信息进行上链，从而有效保证初始信息的准确性。

2．国域限制

区块链网络是一个全球性的网络，由于各国之间存在着明显的界限，所以数字身份系统的全球化会受到一定的限制。在本国内，政府认证用户身份信息，并且可以访问、监督用户数据信息，但是跨国之间，系统是否相互连接，信息是否可以相互补充，是存在很大的疑问的。

3．相关法律的规定

基于区块链技术的数字身份系统肯定是需要有区块链技术背景的组织进行搭建，只是在搭建完成以后，平台可以实现自治。法律对数字身份系统搭建者的法律地位和责任界定是否足够清晰，在系统运行过程中，出现难以解决的纠纷问题时，相关的法律责任如何落定，这些问题都是在平台搭建初期就应该充分考虑的。

15.3 小　　结

基于对数字身份系统的充分理解，再结合区块链技术的特点——去中心化、点对点网络、时间戳、不可篡改、共识机制、智能合约，可以发现数字身份和区块链技术之间有着巧妙的联系，在区块链时代，两者缺一不可，相互协同，互相促进。目前来看，发展数字身份系统是必然的，区块链技术在某种程度上也提供了一个相对可信的方案。

（1）数字身份是基础：不管是区块链时代还是互联网时代，它们的特点都是数字化，数字化活动的基础就是用户的数字化身份，只有保证用户数字身份的真实有效，所产生的活动、交易等才是有效的。

（2）区块链和数字身份相辅相成：区块链时代需要数字身份作为基础，数字身份需要区块链技术来保障，两者属于相辅相成的关系，互相依托，相互促进。用户的数字身份信息不断完善，可以有效地促进区块链信息共享，从而提高整体的认证效率。区块链的非对称加密、分布式存储可以有效地保障用户的隐私，并且把用户信息的决定权留在用户手上。

（3）政府是基石，企业是源动力：数字身份的源头需要一个强大的背书机构，这部分的工作需要政府来进行认证。以该认证为基础，用户的绝大多数社会行为信息基本掌握在企业手中，社交信息在微信，支付信息在支付宝，购物信息在阿里巴巴等，企业在完善用户身份信息中，必定是一个重要的角色。用户属性信息是否足够完善也依托于企业的合作，企业在这一过程中提供最强的源动力。

（4）中心化和去中心化并存：数字身份的认证需要国家这种强有力的中心化机构来背书，在这个层面上，中心化的组织是有存在的必要的。流通的数字身份属性信息的确认或者验证，可以充分发挥区块链技术的去中心化特点。

第 16 章 版权：资本为何争相布局

16.1 版权领域现状

16.1.1 基本概念

追溯版权和著作权两词的来源，可以发现两者有较大的不同。**版权来源于英美法系，从其英文词义可以看出，版权一词指的是法律上赋予著作人可以防止其他人未经许可而复制作品的权利。而著作权来源于大陆法系，强调的是作者对于作品拥有的权利，大陆法系将作品视为作者人格的延伸和精神的反映。**从词义上去理解，著作权的概念比版权概念要更为广泛和更注重作者的人身权利。然而随着世界各国交流的增多与文化融合，法律上的概念也有了互相的借鉴。从商业的角度来看，著作权实际上最主要的也就是对作品的复制、改编、发行等会产生商业利益的权利，因此，著作权和版权的概念逐渐融合。我国是大陆法系国家，根据《中华人民共和国著作权法》第六章附则第五十七条的规定"本法所称的著作权即版权"。

版权指的是作者对于其创作的作品拥有的权利，这里所说的作品包括以下几类[一]：

- 文字作品；
- 口述作品；
- 音乐、戏剧、曲艺、舞蹈、杂技艺术作品；
- 美术、建筑作品；

㈠ 引自华律网著作权解释（http://www.66law.cn/laws/195351.aspx）。

第 16 章
版权：资本为何争相布局

- 摄影作品；
- 电影作品和以类似摄制电影的方法创作的作品；
- 工程设计图、产品设计图、地图、示意图等图形作品和模型作品；
- 计算机软件。

我们认为，上述八类版权作品大致可以分成三种情况：

- **实物版权，包括实体的模型等；**
- **数字化产物的版权，包括文字作品的电子版、音乐、电影、电子版照片等；**
- **非标化物品的版权，包括软件算法、数据等。**

所说的权利指的是作者依据该作品而拥有的人身权和财产权，具体有[一]：

- 发表权，即决定作品是否公之于众的权利；
- 署名权，即表明作者身份，在作品上署名的权利；
- 修改权，即修改或者授权他人修改作品的权利；
- 保护作品完整权，即保护作品不受歪曲、篡改的权利；
- 复制权，即以印刷、复印、拓印、录音、录像、翻录、翻拍等方式将作品制作一份或者多份的权利；
- 发行权，即以出售或者赠予方式向公众提供作品的原件或者复制件的权利；
- 出租权，即有偿许可他人临时使用电影作品和以类似摄制电影的方法创作的作品、计算机软件的权利，计算机软件不是出租的主要标的的除外；
- 展览权，即公开陈列美术作品、摄影作品的原件或者复制件的权利；
- 表演权，即公开表演作品，以及用各种手段公开播送作品的表演权利；
- 放映权，即通过放映机、幻灯机等技术设备公开再现美术、摄影、电影和以类似摄制电影的方法创作的作品等的权利；
- 广播权，即以无线方式公开广播或者传播作品，以有线传播或者转播的方式向公众传播广播的作品，以及通过扩音器或者其他传送符号、声音、图像的类似工具，向公众传播广播的作品的权利；
- 信息网络传播权，即以有线或者无线方式向公众提供作品，使公众可以在其个人选定的时间和地点获得作品的权利；
- 摄制权，即以摄制电影或者以类似摄制电影的方法将作品固定在载体上的权利；

[一] 引自华律网著作权解释（http://www.66law.cn/）。

- 改编权，即改变作品，创作出具有独创性的新作品的权利；
- 翻译权，即将作品从一种语言文字转换成另一种语言文字的权利；
- 汇编权，即将作品或者作品的片段通过选择或者编排，汇集成新作品的权利。

一般来说版权所属人最初都是作者，拥有版权的作者可以依法转让上述的部分权利。

16.1.2 版权领域存在的问题

随着我国经济的发展和人民生活水平的提高，人们对精神享受的需求也逐渐提高，文学、美术、音乐、电影等作品的价值越来越受到人们的关注。然而，**也正因为好的作品背后往往潜藏着巨大的商业价值，一些人不怀好意地复制或篡改他人作品，以获得巨额利益的事件时有发生。**

在互联网发展迅猛的当下，作品的传播获得了极大的方便，然而原创作品在网上传播时，面临版权被侵害的风险也显著增大。比如文字作品受到恶意复制和不注明出处的转载，音乐作品受到未授权的改编和使用等。据统计，2003年到2012年北大法宝诉讼案例库中共有47226起涉及版权诉讼的案例，并且数量基本呈现逐年递增的趋势。2017年9月，最高法院发布了《知识产权侵权司法大数据专题报告》，报告统计了2015年-2016年民事一审审结案件，知识产权侵权案件就有超过1.2万件，这其中版权侵权案件占比超过50%，而这50%中有超过四分之三为侵害作品的信息网络传播权、放映权的案件。在2018年年初，全球最大的音乐流媒体公司之一Spotify遭到Wixen发行公司起诉，控告其在未取得许可证、不支付费用的前提下，违规使用Wixen公司的数千首歌曲。

从发生的众多版权纠纷案件来看，目前版权领域存在纠纷的关键原因主要有以下几点：

1. 版权意识不足

无论是作品的原创作者，还是作品的使用者，在版权的意识上仍然远远落后于欧美国家。以音乐作品为例，在21世纪初期，同一音乐作品在各音乐软件平台上上架的现象比比皆是，随着近几年版权意识的普及，音乐版权纠纷诉讼案件增多，各音乐软件平台才慢慢趋于正规化。

2. 版权登记成本较高

传统版权登记方式费用高、周期长，对于互联网作者而言，每次提交作品版权登记所耗费的成本过高，很多原创作者因此都选择了不进行版权登记。

第16章
版权：资本为何争相布局

3．举证困难

他人作品的剽窃者并不会主动承认抄袭，更多是采取不予回答或拒不承认的态度。我国法律是"谁主张谁举证"，原创作者在维权时，需要举出能够被法律认可的版权证明。

4．维权程序复杂、费用高

当作者的版权受到侵犯时，启动法律程序进行维权往往需要很高的成本，并且维权手续复杂，审理周期长，许多作者权衡利弊最终都选择了放弃维权。

16.1.3　版权领域的发展趋势

人民生活水平的提高，也促进了我国文化产业的发展。《中国网络版权产业发展报告（2018）》显示，我国网络版权产业继续保持快速增长趋势，2017年中国网络版权产业的市场规模为6365亿元，较2016年增长27.2%。报告显示，2017年，中国网络视频用户付费市场规模为218亿元，同比增长翻番，预计未来两年仍会保持超60%的高速增长；网络游戏市场规模达2355亿元，同比增长32%；网络音乐市场规模达175亿元，同比增长22%；网络新闻资讯市场规模达305亿元，同比加速增长超过40%，其中移动端新闻收入占比超过75%，主要收入来源是原生信息流广告和头部品牌广告；数字阅读市场规模突破百亿元，同比增长31.1%。

版权领域未来发展有以下几个趋势：

1．版权意识增强，版权价值提升

据中国网络视听节目服务协会发布的报告估算，2017年中国网络视频付费会员总数超过1.7亿。2018年，仅爱奇艺一家的付费会员数就已达到6620万，创下历史新高。根据中国互联网络信息中心发布的《第42次中国互联网络发展状况统计报告》，截至2018年6月，网络文学用户规模达到4.06亿，占网民总体的50.6%。

在网络娱乐类应用蓬勃发展的同时，版权保护工作仍然形势严峻。2017年由国家版权局联合四部委开展的"剑网2017"查处侵权盗版专项行动，共关闭侵权盗版网站2554个，删除侵权盗版链接71万条，收缴侵权盗版制品276万件，立案调查网络侵权盗版案件543件，涉案金额达1.07亿元。

传统的版权保护手段非常有限。

2．立法逐渐完善，保障作者权利

1980年，中国正式成为世界知识产权组织的第90个成员国。自此之后，《商标法》《专利法》《著作权法》先后出台，知识产权的相关制度也在日趋完善。自从《著作权法》颁发以来，历经了多次修订，在 2011 年又经过了第三次修订。中国社会科学院知识产权中心主任、中国法学会知识产权研究会秘书长李明德在该次修订的建议稿上提出了制定惩罚性损害赔偿的相关规定，在原告损失、被告利益所得和法定损害赔偿的基础上，向权利人支付两到三倍的赔偿数额，以此惩罚侵权者。

3．版权保护的国际化

目前，各个国家的网络保护力度各不相同。而随着互联网等信息技术的进一步发展，网络信息互通、联系进一步增强，跨国之间的版权纠纷时有发生，各国之间在版权保护方面的沟通、共识亟待增强。各国在版权保护之间的合作，有望通过建立国际组织、完善司法条款、达成国际公约等方式进行。

4．版权保护手段技术化

在过去，版权保护往往依赖于事后的处理，如发现侵权事件后，当事人提出诉讼等。而在互联网时代，更多信息在网络上发布；而随着科技的发展，在未来将有更多技术手段，使得信息一旦在网络上发布，其复制、传播等即受到权限限制，从技术上保障作者的权益。

16.2　区块链+版权领域

16.2.1　区块链+版权的可行性简析

每年因为盗版而造成的损失正说明了版权保护问题的严峻形势。然而传统的版权保护手段非常有限。**历史上，有过使用邮戳实现版权保护的方法**，即作者把写好的文稿，一份邮寄给出版机构，另一份邮寄给自己，以便留下邮戳时间作为证明，防止作品被他人盗用。引入区块链技术，可对解决问题有所帮助，主要从以下几点进行分析：

1. **社会因素**
   - **政府部门的支持**：中央网信办、文化部等文化产业相关职能部门公开倡导区块链版权的应用，认为区块链在知识产权保护领域会有很广的应用前景。中国版权保护中心数字版权登记部主任张建东曾表示，"利用区块链技术可以可信地记录版权内容生产、传播和消费的每一个环节，形成完整的版权证据链,并可公开查证,确保了版权内容在流通过程中权属的清晰可信。政府部门相信并支持区块链在版权领域的应用,将会对区块链+版权的落地起到巨大的推动作用"。
- **人们观念的支撑**:如前所述,人们对于文字、音乐等作品的版权观念已经有了很大的提高,并且大比例上愿意对于版权使用进行付费。人们版权观念的提升是社会的一种进步,用公有链的形势进行版权登记和认定,符合人们的版权观。

2. 技术因素
- **信息不可篡改**:对于原创作品的登记,区块链技术可以非常方便地把时间戳与作者信息、原创内容等元数据一起打包存储到区块链上。而且它打破了现在从单点进入数据中心去进行注册登记的模式,可以实现多节点进入,方便快捷。区块链可作为有时间戳信息的分布式数据库来记录知识产权所有权情况,提供不可篡改的跟踪记录,而无须去寻求第三方信托的帮助。
- **验证使用权利**:区块链技术大量使用密码学技术,版权持有者在把作品写入区块链时,自动用自己的私钥对作品进行了数字签名,第三方可以用版权持有者的公钥对数字签名进行验证,如果作品的数字签名值验证通过,则表明此作品确实是版权持有者所有,因为只有版权持有者才有私钥能生成该签名值。而通过智能合约,作品的用户便可向作品的版权所有人进行自动化的支付。
- **追溯交易记录**:区块链不可篡改的特性可以完整记录作品的所有变化过程,有利于实现版权交易的透明化,所有涉及版权的使用和交易环节,区块链都可以记录下使用和交易痕迹,并且可以看到并追溯它们的全过程,直至最源头的版权痕迹。区块链记录的版权信息是不可逆且不可篡改的,公开、透明、可追溯、无法篡改,保证了信息的真实可信。

16.2.2 区块链+版权的场景分析

1. 实物类的版权

这一类的产品主要在线下进行操作,信息需要经历上链过程。如为原创的生产者发放证明,再在区块链上记录证明信息。但这一行为对企业的公信力要求较高,并且由于信任成本、信任不足等原因,易引起纠纷。

因此,引入政府部门或者有高信用背书的公司来维护这样的系统,或是一种解决方案。但是如果引入权威性的版权认证保护,比如政府的版权认证机

区块链浪潮：
连接技术与应用

构，那其实只是实现产品保护的互联网化、提升办公效率，本质上与提供一个存储认证信息的数据库相同。其优点仅在于政府部门使用新技术来记录这些信息，公开透明，可追溯，方便司法举证，减少版权纠纷。

2．数字化产物的版权

现有互联网上的内容流通，通常都由第三方的平台进行分发，第三方企业通过聚合大量内容创作者获取用户形成垄断后，开始大规模盈利，而作为搭建该平台的各个参与方，并没有得到相应的最大价值回报，**平台主导着价值的分配并拿走了大部分的利润**，同时，由于平台方占据了数据的主导权，用户的数据和隐私得不到保障，广告主花了大量的成本投放广告也缺乏真实可信的数据结果。

版权所对应的文字、音乐、美术、摄影等作品较容易上链，在区块链版权平台提交的作品会和作者信息等记录成区块，并且打上对应的时间戳，版权后续的转让也会带上时间戳的证明，这对于版权所属的确认极为方便。音乐、视频、文章内容可以在线消费，比较适合用区块链技术来保护版权。**生产者可以设置相应的权限，比如用户只能看，不能下载、复制等操作，就可以保证用户不可以随意保存以及在其他各个渠道传播原创作品**，这可以很大程度保证生产者的原创作品在链上的唯一性。

除此之外，**区块链技术可以更大化地激发用户的原创激情**。依托于区块链公开透明不可篡改的公开账本，记录时间戳，**实现个人创作内容的唯一性，保证原创**；这种完全去中心化的形式，**砍掉所有中间商或平台商的利润，将个体内容价值 100%返还给创作者**，实现个体内容创作激励的最大化。内容的创造者通过生产内容来创造价值；内容的消费者以转发、点赞、评论、投资等形式来创造价值，实现价值的自由流通。

区块链可以提供内容版权智能合约的一整套自成体系的智能合约，当内容生产者在平台发布原创内容后，系统将自动核定内容生产者的原创版权，当其他用户想要查看原文时，通过协议约定好的价格进行支付，支付好之后，就可以看。原创内容所获得的全部收益百分之百地**自动返还给个体创作者**，形成一个良好的闭环，鼓励更优质的创作。当其他用户把好的内容进行分享，有人进行付费查看，该收益也可以根据成型的智能合约进行自动的利益分配，**整个过程是自动执行**，不需要人为参与，大大提高了效率。

3．非标化的版权

随着计算机的发展，目前有很多版权都是非标化的数据，如一些用户数据、算法等，这些信息有着很强的数据属性，可以被随时复制和传播。从卖家的角度，如何保证数据售卖后不被滥用（如复制数据后，要求退回交易款

第 16 章
版权：资本为何争相布局

项）；而买家如何保证在获得数据前，获知数据的可用性、真实性等；市场上如何避免卖家把同一份数据售卖给多个用户等，都是需要解决的问题。区块链的出现，为之前的这些问题提供了一些可行的思路。这个方向的一个问题就是，需要确保交易的东西对于交易双方是一致的。这一点上或许可通过"零知识证明""同态加密"等技术实现。"零知识证明"技术可在避免信息内容泄露的情况下，确保信息是符合某种要求的。假设买家 A 需要某高校男生的数据，而卖家 B 可以提供，则可以设计某一验证问题，使得仅有掌握真实数据的卖家 B 可提供正确答案，而在这个过程中，买家 A 仍无法知道数据的具体内容。如果 B 通过了验证，则说明 B 的数据符合 A 的要求，应用区块链的"智能合约"技术，B 的数据包可直接发送给 A，A 的费用也会直接转账到 B 的账户。这样一来，可保证双方的利益，买家 A 得到商品，卖家 B 获得款项，同时避免了买家 A 欺诈、退款的风险，而交易过程中数据的保密性仍然得到了保证。密码学中的"同态加密"技术，则可保证保密信息在加工、解密后，解密信息仍保留了加工过程产生的变化。这一技术可应用于受保护内容的交易、处理等。

上述是一个或许可行的应用场景。而在现实生活中，非标化的事物需要建立一个人们认可的规则，以降低交易成本。未来最需要解决的是把非标化的产品进行一个标准化的定义，然后把这些标准的规则写在智能合约里，最后通过区块链技术来实现整个交易过程。

16.2.3 区块链+版权的优势

自从区块链概念逐渐火热以来，就有各行各业尝试运用区块链的技术，以提高行业效率，而在版权的登记和确权领域，区块链的应用归结起来有以下几个优势：

1. 提高版权登记效率，降低版权登记成本

传统的版权登记较为烦琐，需要作者提供身份信息以及相关的资料。在作品提交登记以后，政府部门的审核周期也较长，往往长达 20 个工作日，并且版权登记的价格也较高，一般单件作品的版权登记就需要交纳 500 元以上，这对于一些互联网的文字原创作者而言，费用偏高。用区块链进行作品版权登记，用户只需要在链上自己提交作品以及基本信息，平台就会根据密码算法生成作品的数字身份 ID，这个 ID 包含了作品内容、作者信息、提交时间等信息。这个操作会被写入区块，并被全网的节点永久保存。版权的转让即在链上完成对应的数字身份 ID 的转让即可。这样不仅提高了原创作品的登记效率，也降低了登记的成本，同时版权的转让也因为数字化而变得更简单。

2. 提高文化企业价值，帮助文化企业融资

在区块链上进行版权登记，原则上极大地方便了著作人本人作品版权的登记提交。然而实际上对于有些需要较大创作付出，以及需要很好地传播运营的作品，比如漫画、音乐作品等，作者往往花费主要精力在作品的创作上，而作品的发行和传播需要专业的文化企业去运营，文化企业往往都会购买作品的版权并加以运作。区块链上原创作品的确权，在帮助人们树立版权意识的同时，也提高了社会对文化企业版权的价值认可，提升企业价值。另外，对于拥有较少固定资产的文化企业而言，企业拥有版权价值的提升，有助于金融机构对企业资产的认同，促进文化企业的融资。

3. 消除平台中介费用，营造全民版权意识

区块链做版权登记必须是全民式的，也就是将会以公有链的形式，而不会是私有链或者联盟链。对于一些小型创作，主要是文字或图片的创作，作者可以直接在链上登记并广播，链上的用户都能获得作品的传播信息，决定是否对作品进行付费。这是基于区块链去中心化的特点，不需要平台进行推广，消除了平台的中介费用。其次，公有链的形式也促进了人们的原创意识，提高人们对版权的认可。再者，版权纠纷问题的结果可以通过广播发布给链上的用户，提高抄袭者的曝光度，形成一种人人自律的良好氛围。

4. 方便司法举证，减少版权纠纷

基于公有链上的版权平台，无论是作者作品的提交，还是后续的交易，以及用户的购买，均有相应的时间戳证明，并在链上开放透明。对于出现版权纠纷的情况，司法部门只需要根据版权的数字身份 ID 进行追溯，轻松调取作品版权的历史交易信息，使举证变得简单。在公开透明的公有链版权平台上，版权的纠纷问题就会减少很多。

16.2.4 区块链+版权的阻碍和限制

区块链的时间戳特性很好地方便了版权的登记和确权，而从目前不少已有的项目来看，用区块链来减少版权的纠纷，仍然会有一些发展的限制。

1. 区块链版权认证平台的互通

目前国内外均有从事区块链版权认证行业的企业。而版权作者往往在不同的平台上登记信息。假设作品的真实作者在 A 平台提交了版权登记并通过，而侵权者则在 B 平台又提交了对该作品的版权登记，就容易造成版权纠纷的问题。根据提交时间的先后，各平台可以判断版权所属。但是多平台的信息交互有可能降低版权登记和确认问题的效率，因此需通过如"侧链"等技术增强各版权认证平台间的交流效率,或提供一个唯一的版权认证平台。

2. 防侵权技术的局限

区块链技术主要可保证版权信息在链上记录后,可提供不可篡改版本信息,便于维权取证。然而在防止电子信息的流变、盗用(如绘画作品略做改动后重复使用、文字作品复制粘贴等)方面,目前尚未有完善的技术解决方案。如何结合如图像识别、复制检测等技术,迅速确认作者的作品版权登记,是需要深入研究的问题。

3. 区块链版权的法律保护

区块链技术发展不超过十年,在国内更是近几年才开始慢慢被人所知。而与区块链相关的法律更是少之又少,在区块链上做版权登记确权,最重要的一点是需要完善相关法律,使得作者在链上登记的版权信息得到法律的认可,一旦出现版权纠纷也会有法可依,并且通过法律的颁布,也是对区块链版权登记的重大推进。

16.3 小　　结

版权的保护不仅是对原创作者的尊重和权利的保护,更是社会进步的一种象征。在政府部门积极推动版权保护、诸多企业对区块链+版权应用项目进行落地尝试、人们版权意识不断提高的当下,相信区块链技术在版权保护领域将获得良好发展,而两者的结合或将具有以下特点。

(1) 记录版权是当下可快速落地的应用:目前技术可实现记录版权,可作为被侵权后维权的取证渠道,但是技术上与完全保护版权尚有距离,目前并未有完善的解决方案。

(2) 认证平台互通:在单一系统中,可方便地进行版权维护和追溯。但是如果 A 用户把 B 用户的内容放在其他平台,则容易造成纠纷。因此需加强各个区块链版权平台间统一认证、标记、识别的方式,或提供唯一的认证平台,以提高维权效率。

(3) 非标准化的版权认证还有待发展:对于一些非标准化的物品,比如算法、数据等版权的认证,目前也许可以通过零知识证明等加密方法来保证其可以很好地被交易,但是其前提条件是保证规则的标准化,这还需要一段时间去实现。

（4）区块链可以促进优质内容产出：通过区块链去中心化的思想，取消第三方平台的版权垄断，让版权真正属于内容生产者，使得内容生产者会有更多的收益和实现价值的可能，可以促进内容生产者生产内容的动力。

（5）方便司法举证，减少版权纠纷：基于区块链上的版权平台，无论是作者作品的提交，还是后续的交易，以及用户的购买，均有相应的时间戳证明，并在链上开放透明。对于出现版权纠纷的情况，司法部门只需要根据版权的数字身份 ID 进行追溯，轻松调取作品版权的历史交易信息，即可使举证变得简单。

第17章 医疗：数据为王

17.1 医疗健康领域现状

17.1.1 基本概念

根据中国产业信息网发布的医疗健康产业报告中的定义，医疗健康产业是**以维护和促进人民群众身心健康为目标，主要包括医疗服务、健康管理与促进、健康保险以及相关服务，涉及药品、医疗器械、保健用品、保健食品、健身产品等产业，覆盖面广，产业链长**⊖。目前所理解的医疗健康产业已经不仅仅是传统的治病疗伤，而是以其为中心的上、下游全产业链范围。根据德勤发布的《2020年生命科学与医疗趋势报告》显示，随着社会经济水平的提高，全球平均预期寿命延长了5.5岁，从1990年的75岁延长至2015年的80.5岁，因此人们对医疗健康的需求越来越大⊜。根据前瞻产业研究院发布的《医疗健康领域投资分析报告》预测，2020年中国医疗健康产业市场规模将高达8万亿元⊜。

中国的医学已经有了上千年的历史，也一直是西方医学系统之外另一个独立的医学体系。医疗这个词也主要来源于西方医学系统，并且随着社会文明的进步，人们关心的不仅仅是治病疗伤，而逐步放大到整个健康范围。除了医疗生态的范围扩大之外，整个行业的医疗手段也在发生着巨大的改变。从中国古

⊖ 来源于2017年中国医疗服务行业发展现状分析 http://www.chyxx.com。
⊜ 来源于德勤《2020年生命科学与医疗趋势报告》。
⊜ 来源于前瞻产业研究院《医疗健康领域投资分析报告》。

时的"望闻问切",到如今各类现代化医疗诊断器械,医疗设备的更新迭代也带动了医疗行业的进步。随着互联网以及移动互联网的发展,远程医疗的速度也在加快,采用移动设备的互动将占到医疗机构互动的 65%,80%的医生已使用智能手机和医疗应用程序提供医疗服务。

总的来说,医疗健康领域的发展主要得益于全球人口数量增加,以及人口结构变化(老龄化增加)、社会经济水平提高、城市化水平提供,以及慢性疾病的治理需求的增加。社会经济的不断发展,提高了人们对医疗健康的需求,人们日益增长的需求,不断给现有医疗技术或者医疗体系带来新的压力,从而有效促进了行业的发展。另外,行业的不断发展也离不开科技水平的进步,以及政府等相关单位的支持,共同推动行业的发展。

17.1.2 医疗健康领域存在的问题

虽然医疗健康领域正在不断增长,但是整个行业的发展仍然有着很多的挑战和阻碍。根据 Healthcare Executive Group 进行的一项调查表明,2018 年里医疗健康领域最主要的三个挑战分别是临床数据分析、人口卫生服务机构状况,以及基于疗效的支付体系[○]。

1. 数据化程度低

随着互联网的发展,医疗健康领域的数字化程度已经不断提高,不管是从医疗设备还是从医疗服务的角度来看,电子化的趋势也越来越明显。然而整体的数据化程度还相对偏低,一些三甲医院的医疗设备及医疗服务的水平较高,但是中等偏下的医院还处于更新换代的阶段,数据化能力较差,并且在临床医学方面,基本不存在数据的采集与利用,患者与医生或者制药商之间的沟通处于断裂状态,临床数据得不到分析和利用,大大地阻碍了临床医学领域的进步。

2. 医疗机构相互孤立

由于数据化程度低,各医院之间存在着明显的信息不对称现象。比如,每个人都会有这样的求医体验,去医院看病,医生都会让患者去做任何可能相关的检查,然而这些检查每个人都已经在很多医院进行过了,但由于医院间相互孤立,病人信息无法同步,由此带来了巨大的人力、物力的浪费,降低了行业的效率,阻碍了行业快速发展。

○ 来源于 Healthcare Executive Group 调查报告 https://hceg.org/

3．网络安全压力大

虽然法律法规明确保障医疗健康领域的数据安全和隐私，但是互联网的快速发展，使得越来越多的设备开始入网，给网络安全工作带来了巨大隐患。2017 年 IBM Security 和 Ponemon 研究所的研究显示，防止医疗数据泄露的费用有所增加，平均每个记录为 380 美元，而其他行业的数据维护成本则下降了 10%。因此，数据及网络安全问题将越来越成为该行业关注的问题。

除此之外，医疗健康领域还面临着诸多问题，比如医疗成本高、医疗资源不匹配、患者医疗体验差等，在此不进行一一叙述。

17.1.3 医疗健康领域发展趋势

一方面随着人民生活水平显著提升，对健康以及美好生活的需求越来越强，另一方面随着互联网的发展，医疗健康领域数字化发展已经成为各个国家医疗领域的首要发展方向。

1．医疗健康数字化

随着互联网的发展，各行各业都在进行数据化改造，医疗健康领域也不例外。从传统的手写病历，到现在的电子病历系统。目前来看，医疗健康领域的数字化程度还处于中下游水平，但是从各国在医疗健康领域的数字化政策支持来看，其数字化进程会不断加快。从市场表现来看，主流三甲医院的数字化改造相对比较成熟，中等偏下医院的数字化程度较低，未来会逐步向下沉淀，在全行业实现数字化。

2．医疗健康数据共享

目前各医院之间相互孤立，信息没有相互打通，主要原因有两个，一方面是医疗健康数据没有电子化，信息流通难度大；另一方面数据安全隐私问题难解决。随着技术的进步，数字化已经在不断发展。随着安全隐私问题得到有效解决，数据在未来将实现共享。数据共享带来的是行业信息的透明，信息透明可以有效地促进行业效率提高，并且最大地释放行业价值。

3．精准定制化医疗

随着人们对医疗健康的需求越来越高，未来专业化的医疗服务将会不断升级换代。人们可以通过可穿戴设备实时捕捉身体数据，并且反馈给专业的医疗团队，医疗团队根据用户个体情况进行定制化的精准医疗，包括药物、医疗器械，以及相应的医疗保险服务等。用户将不仅仅是生病了才去进行治疗，而是从预测、预防就开始进行相应的医疗服务，医疗服务覆盖其整个生命周期。

17.2 区块链+医疗领域

17.2.1 区块链+医疗领域的可行性简析

区块链+医疗健康领域是有可行性也有约束性，从区块链本质属性和医疗健康的发展趋势以及现存问题可以说明。

1. 分布式存储保证信息安全

区块链采用数据多节点、分布式多重存取，摆脱对互联网中心服务器依赖，避免了中心服务器单点篡改数据、丢失数据的可能性，并且用户能够随时查看病患的历史数据和用户数据，从而免去数据丢失的风险。这也可以有效地提高行业的效率，患者在就医时，医生无须再给患者进行已做过的相关检查，直接查看历史数据即可，大大节省了人力、物力。

2. 非对称加密保证用户隐私

随着社会的发展，一方面人们也越来越注重个人尊重和隐私，另一方面医疗健康领域的特点需要用户去公开自己的信息，最起码在就医阶段对医院是公开的，这样才能有效地解决就医问题。区块链的加密和去中心化的特点迎合了用户隐私信息保护的诉求，一方面可以把相关信息公开给医院，使得患者可以接受最好的医疗服务；另一方面可以有效地做好匿名处理，即使信息被公开，对用户本身的保护也可以达到最大化。

3. 联盟链社区自治促进信息共享

大多数的医疗数据在各家医院以及各个医疗设备制造商手中。不同的提供商经常使用不同的数据库系统对医疗数据进行存储，每个系统之间没有很好地协同。区块链一方面从技术上可以保障数据共享功能的实现；另一方面从社区自治的角度可以很好地促进大家进行数据共享，类似于 R3 联盟，在联盟中各参与方根据联盟规则进行相关的数据共享，并且也会因此受到相应的激励措施或者惩罚机制。

4. 智能合约提高行业效率

智能合约的最大作用就是自动化执行相关程序流程，减少人员参与的环节，提高效率。区块链系统能够实现大部分计费、支付程序的自动化，从而跳过中间人，降低行政成本，为病患和医疗机构双方节省时间，并且这一系列的资金以及过程数据，可以为后期的保险理赔以及账单管理提供有效的依据，一方面可以减少医疗健康领域的骗保、报假账等灰色花费；另一方面也可以提高

第 17 章
医疗：数据为王

验证的效率。

目前来看，区块链在医疗健康领域应用还是提供了一个可行的解决方案，主要从数据保护以及数据共享方面有一定的应用。除此之外，区块链记录不可篡改且可追溯，在药品溯源等方面可以有一定的应用，这主要还是供应链方面的应用，这一块就不做太多的叙述。

17.2.2 区块链+医疗领域的优势

结合区块链最突出的特点——去中心化、点对点网络、分布式账本、时间戳、信息透明且不可篡改等，将区块链技术运用于医疗健康领域，将会有以下几个优势：

1. 提高数据安全性，降低网络风险

区块链通过加密以及分布式存储等手段，保证数据交换系统的安全，防止数据被修改。随着各类自用医疗设备的增多，并且绝大多数都是物联网设备，未来人们的健康生活数据会越来越多，人们对数据泄露以及隐私保护的要求越来越高。区块链能够在保证安全、隐私和可靠性的同时，提供设备之间的数据操作性，有效降低数据在存储以及传输过程中的风险。目前区块链相关的加密技术已经取得了很大的发展，甚至不少区块链项目就是聚焦在数据加密技术领域。如多方计算技术（sMPC）通过将需要计算的数据分解成多个碎片来进行加密，分配给多个节点进行计算，保证各个节点根据单独的碎片无法解密原始数据。区块链可以将需要保密的用户隐私信息进行加密，保证信息只在特定的场景下进行传播或者共享，别人即使拦截也无法解密出原始信息。

2. 数据加密及共享

区块链的医疗健康平台使用的是分布式的记账方式，不再像传统的医疗健康数据平台一样，由平台持有用户的所有信息，而是每一位用户手上都有一份账本，该份账本可以记录所有用户的信息，根据信息重要性的不同，可能会有一定的加密处理。每个用户的信息都是掌握在自己手中的，不属于任何一个平台所有。用户可以根据自身不同信息的价值，基于不同的价格给出信息的分享或者出售，做到了用户信息的掌握权力还之于用户。

区块链在保证安全隐私和可靠的同时，本身也具有公开透明性，从医院到患者，整个过程都能得到保障。以电子病历为例，未来可以打造一个区块链电子病历系统，患者的所有就医以及身体健康数据都存储在链上，方便医生对患者有一个全面的了解，并且可以免去各医院之间转院导致的信息不对称问题，需要患者反复进行相同的诊断。

3．提高行业透明度，减少灰色地带

从服务机构角度出发，应用区块链技术之后，患者在就医过程中的医疗记录、花费记录以及患者本身的身体情况都可以实时记录在链上，服务机构可以快速准确地查询到相关数据，并且以此作为依据，减少患者与服务机构之间的纠纷。从患者角度出发，药品从制药商出发，到流入个体消费者手中，整个过程都能得到保证。假药问题就可以得到妥善解决，患者无须为此担心。

17.2.3　区块链+医疗领域的阻碍和限制

区块链技术本身的优势能给医疗健康领域带来新的活力，但是医疗健康领域本身还存在着很多问题，就算结合了区块链技术，没有很好地解决原有的问题，区块链技术一方面不能发挥出最大的优势；另一方面该行业可能无法应用区块链技术。

1．行业数字化程度低

从医院角度来看，目前除了中心城区的三甲医院以外，二线城市特别是三四线城市医院的数字化水平较低。除此之外，各医院系统以及医疗设备制造厂商的系统完全不一样，这加大了数据同步方面的难度，未来想要把数据统一化，则需要对现有的医疗设备进行更新换代，这会带来巨大的财力物力消耗，所以数字化、标准化的难度很大。从患者角度来看，医疗健康需求最大的人群是老龄人，这部分人群对信息化的认知程度较低，在数字化过程中，老年人的教育成本较高，难度较大。

2．去中心化实现难度大

分布式存储要求多个节点同时存储和计算各类医疗数据，这会大大加大各节点的计算压力，导致整体的运维成本上升，绝大多数小型医院的承受难度大。前期可能只能以三甲医院为代表，成立相关的医疗联盟链，后续再不断加入三四线城市的小型医院，才能实现全国层面的数据共享。

3．医疗数据量巨大

医疗数据相比于交易数据，其结构更加复杂，种类更加丰富，其未来存储容量的需求将远远大于现有的数字货币的交易数据量。如果将医疗数据内容全部作为上链数据，海量的数据将导致链上数据过于庞大，存储容量和存储处理速度将面临巨大的挑战。

4．国家强监管领域

医疗健康数据是国家重点管控数据范畴，相关政策也明确表明医疗健康大数据是国家重要的基础性战略资源，其对国家安全、社会稳定等方面有着重要的影响作用。因此，如果想要把医疗健康数据变成商业化机构或者个人来进行

第 17 章
医疗：数据为王

管理运作，该做法风险较大，国家政策层面放开的难度较大。

17.3 小　　结

医疗健康领域发展的本质是数据，除了技术发展本身的推动以外，其附加的推动力主要取决于数据的高效利用，而区块链在数据隐私保护、数据存储等方面有着较大的优势。因此两者相互结合，会是一个不错的解决方案，但是在实际落地上还存在一些难度。

（1）**医疗行业，数据为王**：医疗健康领域未来的发展趋势是数据的高效利用，因此跟数据相关的存储、计算、传输等方面的解决方案都是有应用的场景的。区块链的分布式存储、非对称加密以及区块和链的结构在一定程度上是非常符合医疗行业诉求的，当两者在各方面都成熟之后，相互结合会有很好的效果。

（2）**医疗联盟链是可行的机会**：不管从区块链技术的成熟度以及应用落地来看，还是从国家政府监管的角度来看，联盟链体系是目前比较可能实现的一个技术解决方案。一方面解决了数据共享的问题，促进整个行业的高效发展；另一方面各三甲医院也可以在国家监管的情况下进行有效配合。

（3）**国家监管大，落地难度大**：医疗健康数据是国家重点管控数据范畴，相关政策也明确表明医疗健康大数据是国家重要的基础性战略资源，其对国家安全、社会稳定等方面有着重要的影响作用。目前在医疗科研等方面的政策比较放松，但是如果想要把医疗健康数据变成商业化机构或者个人来进行管理运作，该做法风险较大，国家政策层面放开的难度较大。

随着区块链技术的不断发展，该技术可以成为医疗健康领域一个有效的工具，然而行业要进行区块链化，还需要一定的时间，短期内很难实现。

第18章 共享经济：实现真正"共享"

18.1 共享经济领域现状

18.1.1 基本概念

共享经济是应用经济学的专业术语，最早由美国德克萨斯大学社会学教授马科斯·费尔逊（Marcus·Felson）和伊利诺伊大学社会学教授琼·斯潘思（Joel·Spaeth）于 1978 年提出。共享经济可以定义为以获得一定报酬为主要目的，基于陌生人且存在物品使用权暂时转移的一种新的经济模式。

共享经济的概念虽然在 40 多年前就已经被提出，但是在我国近几年才开始火热，以共享单车为引爆点，一系列打着共享经济旗号的项目如雨后春笋般成长起来，甚至短时间融资过亿（图 18-1）。

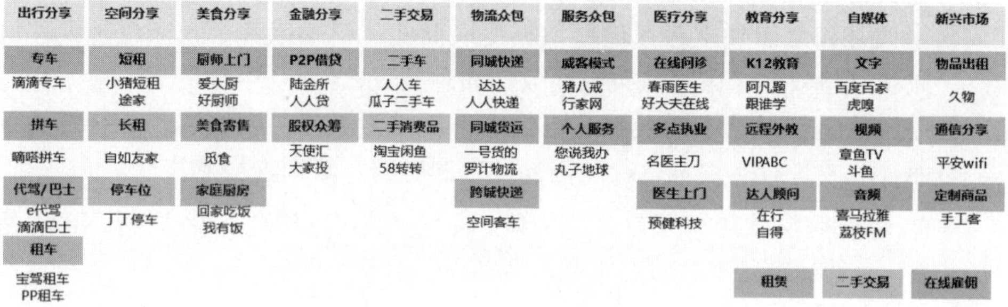

图 18-1 共享经济行业图谱[一]

[一] 图片整理来源于腾讯研究院。

第 18 章
共享经济：实现真正"共享"

要深入理解共享经济的概念，**首先要弄清楚什么是共享**。共享说明资源是可以供大家共同享有的，具体来说，如果对象是客观实体，那么共享的实际上是物品的使用权，在某一段时间之内，某一用户具有该物品的使用权，在使用结束后，物品的使用权可以移交给下一位用户。**其次是经济，这里的经济指的是经济利益**，也就是说获得物品使用权的用户是需要付出一定的费用给物品的所有权拥有者，以激励物品所有者转交物品的使用权，从而达到共享的目的。**更广泛来说，知识、经验以及技能等也可以共享，用户将自己的知识技能传播给其他用户并收取一定的费用，从而达到共享的目的**。

实际上，学校里老师给学生上课就是一种知识的共享，只是这一般都是建立在政府管理背景下的一种知识传授体系，和经济概念不太能挂上钩。有着经济概念的是目前很多在网上订阅购买某些专家老师的课程，比如包年包月分别需要支付多少费用，这虽然有了经济的概念，但还远不是共享经济，因为这种知识的传播具有很强的单向性，由老师传播到学生，而不能反向，这就完全不是共享的概念，**共享经济中的共享应该是共享平台上每一个人都可以作为输出者，而不仅仅是接收者**。

综合以上分析，可以归结共享经济的几个特点。

- **有共享平台**。这个平台可以是第三方企业或政府创建的，创建者同样也可以使用该共享平台。共享平台的作用是将所有用户连接在一起。
- **有共享用户**。共享平台一般是人人共享的，只要是能连上互联网，就可以在共享平台上分享自己的物品使用权或者知识经验。这里的每个用户都是输出者，也是接收者。
- **有共享资源**。这里的资源可以是客观实体或者经验知识。这里的客观实体，一般指的是闲置物品，因为共享经济思想的提出**最本质的目的是让社会资源得到有效配置**，使得每一位用户在不需要物品使用权的某些时候对其进行转让，而不是一种盈利的商业模式。这里的商品一般不指劳务，因为劳务多具有专业性，虽然人人都可以享受，但不是人人都能提供的。
- **有经济效益**。共享的资源是基于一定的利益模式的，接收者付出使用费用，输出者获取经济报酬，以维持共享行为的持续进行。

充分理解了共享经济的概念，就目前和共享经济的概念有些许关系的平台或者项目，可以简单进行归类。

- **有共享无经济类**。很多社区、论坛等都属于此类。最熟知的比如百度经验平台，是一个经验、技能、技术的分享平台，所有用户都可以在其中

区块链浪潮：
连接技术与应用

分享或者获取知识，一般来说，都不需要支付费用。这是一个共享的平台，但没有经济性。

- **有经济无共享类**。目前的市面上很多的共享项目都属于此类，包括共享经济浪潮的掀起者共享单车，以及其后跟随的共享汽车、共享充电宝、共享篮球、共享雨伞等。其中共享充电宝短短 40 天时间就获得 11 笔融资，近 35 家机构介入，融资金额约 12 亿元人民币。但其实这些项目都是伪共享经济。以共享单车为例，虽然表面上单车是在所有用户之间共享了，但这并不是共享经济中的"共享"。因为这里的单车是企业提供的，确实每一位用户都可以使用任何一辆单车，但是用户的费用是支付给了企业，用户永远是接收者，企业永远是输出者，经济利益的输送永远是单向的，可以说这是一种"租赁经济"，和共享经济中的"共享"概念并不吻合。

- **有共享有经济类**。这类最贴近真正的共享经济，但依旧还不是真正的共享经济。在交通方面有曾经在中国风靡一时的 Uber，以及现依旧存在的滴滴打车。在住宿方面有现在依旧比较火热的 Airbnb。以 Uber 为例，所有具有驾驶资格并且车辆合格的司机都可以申请作为 Uber 平台的司机，所有用户都可以乘坐 Uber 平台的车辆，在行程结束后，乘客向司机支付约定的费用。驾照和汽车都是比较容易获得的，因此理论上 Uber 平台上的每一个用户都可以作为输出者和接收者。但为什么说着这依旧不是真正的共享经济呢？因为共享平台的运行是由企业操作的，企业在整个共享经济中起到控制的作用。企业实际上是将资源进行了整合，再将其出售给用户，有人将其定义为"聚合经济"，企业起到中介方的作用，在交易中获取了利润。

- **真正的共享经济**。真正的共享经济应该是一个能达到自治的生态系统，而不是需要操作运行的平台。在这里资源的输出者可以获得自己对输出资源估价的全部，而不需要向第三方支付一定的服务费用。资源的接收者也可以根据自己对获取资源的估价，获取对应的资源，而不需要额外支付更多费用。相比"有共享有经济类"的共享经济，这是真正、完全、彻底的共享经济。

总而言之，要深入理解共享经济，就要充分理解"共享"指的是共享平台上每个人都可以作为**资源的输出者和接收者**，而与之对应，每一个人都会因输出资源而获得等值的经济利益，接收资源而付出等额的费用。一个能达到自治的生态系统才是真正的共享经济。

第 18 章
共享经济：实现真正"共享"

18.1.2 共享经济存在的问题

基于上一节对共享经济基本概念的解释，以及对与共享经济概念相关的"有共享无经济""有经济无共享"以及"有共享有经济"三类项目形态的分析，在此明确本文所论述的共享经济指的是真正的共享经济。结合市面上的"伪共享经济"以及共享经济的几个特点，容易剖析出共享经济亟待解决的几个问题。

1．"伪共享经济"

"伪共享经济"本质不是共享经济，从目前已有的"伪共享经济"项目的成败情况来看，如悟空单车、小蓝单车、共享雨伞、共享充电宝等要么已经确定失败，要么已经奄奄一息，依旧存活并且具有一定规模的仅有 ofo 和摩拜单车。这一系列"伪共享经济"项目都是靠前期的巨额投资，而实际上盈利模式是否走得通也未可知。从目前的情况来看，打着共享经济旗号的"伪共享经济"并不是一种好的商业模式，只依赖投资，不能建立一个稳定的商业生态，后续发展堪忧。"伪共享经济"可以尝试朝着真正的共享经济的方向发展。

2．共享平台的搭建和运营

共享的资源需要在共享平台上才能流通，既然共享平台上用户的资金流通都是基于租借物品使用权或者输出知识经验的，那么平台的搭建费用是由谁来支付就成了问题。真正的共享经济应该是一个 P2P 的网络，当然如果由第三方来统筹安排物品使用权的转移也是可以达到共享目的的，但这显然没有那么"共享"，并且这就和由企业来搭建平台并进行运营本质上是一致的。这也就是 Uber 和 Airbnb 的模式。企业建立共享平台以后，可以通过对每次交易收取一定的服务费来弥补平台搭建以及维持运行的费用。如前所述，这不是真正的共享经济，但也已经是现存的最接近真正共享经济的模式了。企业毕竟是营利组织，最根本的需要是盈利，然而在有企业作为中心机构对平台进行运营的情况下，其收费问题又容易被用户所诟病。

3．共享资源的可信度

既然共享的资源是人人都可以提供的，那么资源的质量保证就是一个需要细致考虑的问题。一个充满不合格资源的共享平台，作为接收者肯定不能满意，这将会大大降低用户的使用体验，导致平台走向倒闭。举个很简单的例子，假设有一个旧书分享的共享经济平台，用户花费 1 元租借了一本书籍，但到手却发现书籍缺页并且破烂不堪，和用户心中的期望大相径庭，这就极大地降低了用户的体验，也容易导致平台的纠纷。解决这一问题的本质是需要保证用户支付的费用和对获取到的资源的预期基本吻合，最重要的也就是保证资源的可信度，避免资源输出者的欺骗行为。

18.1.3 共享经济领域的发展趋势

共享经济的本质是全民经济，在目前共享经济概念依旧火热的当下，共享经济未来的发展有以下几个趋势。

1．政府支持，增长迅速

《中共中央关于制定国民经济和社会发展第十三个五年规划的建议》中明确提出树立创新、协调、绿色、开放、共享的五大发展理念，其中首次明确提出共享理念。十三五规划将共享概念作为国家发展的首要理念，必将会使共享经济获得更长远的发展。首先能够促进共享经济实体合法化进程，以政策保证共享经济的发展。其次，有了政策的扶持后，共享经济将会获得更广阔的发展空间。

2．领域细分，结合实体

我国正处于经济结构转型升级的关键阶段，随着供给侧结构性改革的推进，共享经济将会更结合实体经济，在今后的发展中会逐渐向细分领域深入。从人们最关心的衣、食、住、行四大方面来看，Uber 和 Airbnb 就是在住、行领域的共享经济探索。实体经济中值得一提的是制造能力。国务院发布的《关于深化制造业与互联网融合发展的指导意见》中明确要求推动中、小企业制造资源与互联网平台全面对接，实现制造能力的在线发布、协同和交易，积极发展面向制造环节的共享经济。从国家的政策也可以看到，共享经济正逐步与实体经济结合。

3．法律落实，逐渐规范

作为经济发展的重要组成部分，共享经济将会受到重视。随着共享经济在各行业的推进，国家一定会加速落实共享经济的合法化进程。在目前涉及共享经济概念的各个领域，只有专车领域出台了相关的法律法规，其他领域比如短租房还处于灰色地带。没有明确法规约束的共享经济弊端是显而易见的，相信国家很快会出台相关政策，通过建立完善的准入制度、交易规则、质量安全保障、风险控制等管理制度体系，以保证共享经济的健康合理发展。

18.2 区块链+共享经济领域

18.2.1 区块链+共享经济的可行性简析

基于对共享经济概念的充分理解，再结合区块链技术的特点——去中心

第 18 章
共享经济：实现真正"共享"

化、点对点网络、时间戳、不可篡改、共识机制、智能合约，可以发现，共享经济和区块链技术可谓是天作之合，有着在本质上共通的属性。

区块链和共享经济本质上的共通早已经被人所察觉，加拿大知名商业区块链研究者 Don Tapscott、Alex Tapscott 和区块链专家 Dino Mark 已经在尝试引入区块链建立真正点对点的共享经济模型。区块链+共享经济显然是可行性的，从二者的本质上就可以论述清楚。

1．点对点的契合

区块链和共享经济本质上都是一个 P2P 的平台，区块链的一个最大特点就是每个节点的独立性，节点之间的交互是可以单独进行的，不需要第三方充当信息的传达者。这和共享经济的本质十分契合，真正的共享经济就是共享平台上用户之间的直接对接，有了中介方在其中提供服务的共享经济还不是彻底的共享经济。

2．数据公开透明，提供信用保障

区块链本身即为一个分布式数据库，记录在链上的所有数据和信息都是公开透明的，任何节点都可以通过互联网在区块链平台进行信息查询。任何第三方机构无法将记录在区块链上的已有信息进行修改或撤销，从而便于公众监督和审计。

3．智能合约，为共享经济提供解决方案

基于区块链技术的智能合约系统兼具自动执行和可信任性的双重优点，使其可以帮助实现共享经济中的诸如产品预约、违约赔付等多种涉及网上信任的商业情景，使共享经济更加完善可靠。可以预见，随着区块链技术水平的不断提高，智能合约将有望成为未来共享经济在具体应用场景的一种标准化解决方案。

4．实时匹配供需

基于 P2P 网络的特点，区块链技术能够将传统互联网交易中的"中介系统"彻底摒弃，把供给和需求双方直接对接在一起，实现供应和需求的最优匹配。由于在共享经济场景中，共享产品和用户双方将会发生频繁的匹配过程，区块链技术是实现共享经济的一种非常理想的解决方案。

18.2.2 区块链+共享经济的场景分析

1．生活场景类

按照日常生活来划分，基本上就是衣、食、住、行、生活服务等几个方面：

- 对于衣服这一类，目前主流的一些租衣平台，并不是共享经济，跟上述谈论的一样，都是平台去运营自己的东西，并且对于衣服这一类的产品，并不适合共享经济。
- 对于吃饭这一类，国内有很多 O2O 的平台，主要是以共享厨师为模式的，厨师提供上门服务，顾客按需付费。但这种模式跟大部分的 O2O 模式一样，效率低，价格贵，并且双方有着明显的输出和接受的区分。
- 住宿这一类，目前也有很多，最有名的是 Airbnb，这个场景非常贴近共享经济。我家有空的房子，我就给别人住，然后我去外地旅游，也可以住别人家的房子。这一块目前最大的问题在于，绝大多数的流程都在线下，线下数据上链是一个非常困难的事情，如何保证链上链下实时结合，是目前最需要做的事情。只有解决了链上链下相结合，才能保证一系列事情的执行，包括投诉、理赔等智能合约的执行。
- 出行这一类，最近几年非常火爆，从滴滴的网约车到共享单车以及共享汽车等，这一类项目的本质问题在于，有着明确的输出者和接受者，并且共享单车以及汽车这种目前来看还不属于共享经济这一块，属于聚合经济的范畴。在区块链体系下，这是有可能成为真正的共享经济的，对于共享单车而言，可以让用户成为车主，对车有所有权，其次他的车可以投放到整个社会网络中，别的用户骑他的车，他就会收到钱，并且可以通过 Token 奖励的形式，给所有在网络中做出贡献的人一定的奖励，促进整个生态的有效发展。
- 生活服务目前主要还是各大 O2O 的平台在做，并且基本上都是一群专业技能的人给一群有需求的人提供服务，所以跟共享经济的概念有误差。

总体来说，只有 Airbnb 这类的租房住宿是符合共享经济的模式，但是用区块链的方案来解决，目前看来是不太能实现的。除此之外，出行、生活服务等本质上是点对点的事情，所以用区块链来去中心化是可以释放最大效益的，特别是打车这样高度标准化服务的领域更适合用区块链去解决。

2. 金融类

目前在金融理财的共享经济方面，基本上以 P2P 模式为主，有闲钱的把钱借出去，有需求的到平台借钱，然后平台收取佣金，并控制风险。有了区块链之后，基于区块链信任的特点，任何节点之间都是相互信任的，从而可以互相借钱，并且通过智能合约去自动执行双方约定的还款日期、还款金额等细节问题。

3. 商务类

商务类主要就是一些场地出租、用品、劳动力等。目前来看场地出租这一块主要还是中心化的机构在运营，比如众创空间这种，一个运营者给一些小公司提供办公场地。但是如果一家公司本身有一些办公室或者闲置空间，然后可

第18章
共享经济：实现真正"共享"

以给其他一些人来使用，这是可以作为共享经济的一种。比如 A 公司在某大楼有一层办公空间，但是平时很多会议室都是空的，那公司就可以把会议室的使用情况放在链上，比如 B 公司正好在附近，并且想要找地方开会，就可以在链上进行预约。用品类的跟场地很相似，比如某公司有很多挖掘机，但是近期项目较少，公司就可以把挖掘机的信息挂在网上，然后别的有需求的公司就可以过来租赁，但是这种纯线下的东西有很大的地域性要求，如果距离太远，就不适合去做。

4．知识分享类

知识分享类的场景，经济性会比较低一点，比如百度经验、知乎等，就是一些有知识的人去回答一些问题，这样别人就会从你的回答中受益，但是知识提供者从中获得的利益非常少，从而会缺少动力去维护生态的发展。这一类的项目是非常适合用区块链去解决的，首先知识都变成数据化的东西进行上链，并且可以设计很好的激励体系去促进生态的发展，比如回答一个问题，获得的赞越多，你就会收到更多的 Token（令牌），这样就会促进大家去更好地回答问题，从而保证了知识的高质量。

18.2.3　区块链+共享经济的优势

基于区块链和共享经济在本质上的共通，用区块链技术来服务于共享经济项目，归结起来有以下几个优势。

1．去中心化降低成本

区块链就是一个去中心化的平台。用区块链技术搭建的共享平台是没有中心节点，没有中介机构的，链上的每一个节点都不是中心，节点具有平等性。没有中心机构聚合信息以及提供服务，也就少了中介服务费。在区块链共享平台上，所有用户都可以对自己决定共享的资源自主定价并进行广播，链上其他用户看到以后，根据其提供的资源和价格，决定是否获取资源，这种 P2P 的模式降低了成本，对资源提供者是一种很好的激励。

2．智能合约促成平台自治

共享平台能为用户创造一个用户之间自由交互的自治环境，必须基于一定的规则。而区块链技术正能为这种自治性提供支持——智能合约。在共享平台建立以后，同时需要制定相应的智能合约，以维持平台的正常运行。智能合约使得用户在固定的规则下进行交易操作，用户的不合规行为会受到对应的处理。智能合约就是共享平台的法则，在智能合约的支撑下，链上用户可以直接交互，达到平台的自治。

3. 公开透明保证资源合格

共享资源是否真如输出者所描述，以达到付出费用的资源接收者满意的程度，这是共享平台很关键的问题，而区块链技术正可以使该问题得到解决。在链上进行资源的共享，信息是公开透明的。假设是物品，那么每一次物品的转移都会有历史记录，每一个用户都可以追溯即将获取物品的使用历史记录，再对每次交易建立起评价体系，那么用户就可以获取物品历次评价，结合物品使用记录和物品评价这两类信息，用户可以很快地判断出物品是否满足期望。对于经验知识的共享也是同理的。另外，由于每一次交易信息都会在链上进行全网广播，信息是公开透明的。一旦有资源输出者恶意输出不合格的资源，就会广播至全网所有节点，实际上就是让链上所有用户都作为资源的监督者。因此，区块链公开透明的性质保证了共享平台资源的合格，保证了资源的合格，实际上也就解决了交易双方的信任问题。

4. 时间戳解决纠纷

区块链上的每一次交易操作都会有对应的时间戳。对于知识经验类的共享，时间戳能证明共享的行为是否真正发生。对于物品使用权的共享，时间戳能证明物品在某段时间内存在于哪位用户手中。打上时间戳的印记，当物品存在损坏的时候，就可以很好地追溯到责任用户，解决由于物品损坏而引起的纠纷。

18.2.4 区块链+共享经济的阻碍和限制

区块链技术作为一项新兴技术，虽然政府也在推行，业内也在探索，但是实际上区块链技术依旧存在着很多需要改进的地方。各种各样的物品都可以共享，经验知识也可以共享，而共享的主体面向所有人，因此维持共享平台的稳定和持续是区块链技术必须保证的，从目前区块链技术和共享经济的特点来看，区块链+共享经济依旧有一些阻碍和限制。

1. 平台自治风险

在区块链技术支撑下的共享平台要能达到自治性，最重要的是智能合约的执行，而智能合约的特点就是一旦生成就不能篡改。每一类共享的资源都有其特殊性，物品和知识经验是不一样的，在共享平台上怎么用智能合约的形式来保证资源输出者和资源接收者都满意每一次交易是非常重要的问题。智能合约必须细致考虑资源共享过程可能会发生的任何问题，比如书籍共享平台需要考虑书籍的新旧程度，是否有用户恶意传播非法书籍等问题，然后将其中的流程以及不合规行为的处理方法用代码的形式写在区块链中，避免或减少共享平台发生的纠纷。智能合约本质上是促进共享平台高效运行的，但其高效性也必须建立在严密的逻辑之上。智能合约的缺陷会给平台自治带来不可预知的风险,这类风险的减小或者转移问题必须慎重考虑,否则甚至可能摧毁平台。

2. 共享资源的确定

区块链+共享经济,本质上是用区块链技术来服务于共享经济。不是说有了区块链技术就能解决所有问题,要让区块链服务于共享经济,首先需要明确共享的资源是否真正可以共享。对于物品类共享,一般具有以下一些特点。

- 持有成本高。共享的物品应该有较高的持有成本,否则不需要共享,用户直接购买即可。
- 使用成本低。一旦拥有物品以后,使用物品不需要花费多大成本,这是对用户付费获取物品使用的激励。
- 具备标准化。共享的物品应可以标准化生产,在市面上比较容易获得。否则物品具备特殊性,仅为少数人所有,则只能在这少数人之间共享。

3. 地域限制

既然共享平台是用户和用户之间的直接对接,对于经验知识类或者虚拟商品的共享,可以在链上直接完成。但对于物品使用权的共享,则需要用户实际拿到物品,那么物品如何从输出者到达接收者手中,就受到了地域的限制。当然在快递业务规模化发展的当下,物品的转移已经不是问题,然后对于低成本的共享费用来说,加上快递的费用又会使得共享变得不现实。因此,要真正使得物品类共享能够实现,地域限制问题必须加以考虑。

4. 相关法律的规定

基于区块链技术的共享平台肯定是需要有区块链技术背景的组织进行搭建,只是在搭建完成以后,平台可以实现自治。法律对共享平台搭建者的法律地位和责任界定是否足够清晰,在平台运行过程中,出现难以解决的纠纷问题时,相关的法律责任如何落定,这些问题都是在平台搭建初期就应该充分考虑的。

18.3 小 结

基于对共享经济概念的充分理解,再结合区块链技术的特点——去中心化、点对点网络、时间戳、不可篡改、共识机制、智能合约,可以发现,共享经济和区块链技术可谓是天作之合,有着在本质上共通的属性。区块链+共享经济目前来看是可行性的,从二者的本质上就可以论述清楚。

区块链浪潮：
连接技术与应用

1. 点对点的契合

区块链和共享经济本质上都是一个 P2P 的平台，区块链的一个最大特点就是每个节点的独立性，节点之间的交互是可以单独进行的，不需要第三方充当信息的传达者。这和共享经济的本质十分契合，真正的共享经济就是共享平台上用户之间的直接对接，有了中介方在其中提供服务的共享经济还不是彻底的共享经济。

2. 数据公开透明，提供信用保障

区块链本身即为一个分布式数据库，记录在链上的所有数据和信息都是公开透明的，任何节点都可以通过互联网在区块链平台进行信息查询。任何第三方机构无法将记录在区块链上的已有信息进行修改或撤销，从而便于公众监督和审计。

3. 智能合约，为共享经济提供解决方案

基于区块链技术的智能合约系统兼具自动执行和可信任性的双重优点，使其可以帮助实现共享经济中的诸如产品预约、违约赔付等多种涉及网上信任的商业场景，使共享经济更加完善可靠。可以预见，随着区块链技术水平的不断提高，智能合约将有望成为未来共享经济在具体应用场景的一种标准化解决方案。

4. 数据类较快实现，实物类较慢

类似于百度经验、知乎问答等知识服务类以及 P2P 网贷的金融服务都可以较快地利用区块链技术去实现，但是像 Airbnb 类的租房住宿或者共享汽车类需要一定的技术支持才能真正上链实现。

5. 伪共享经济也适合区块链技术

区块链技术也能解决其有中心化平台的问题，提供一个点对点的平台。比如 O2O 服务类的、打车这种点对点服务的，并且越是标准化体系下的场景，越容易用区块链技术去解决。

综上所述可以发现，区块链技术才能打造真正的共享经济。

第 19 章 游戏：机会还是泡沫

19.1 游戏领域现状

19.1.1 基本概念

游戏是一种基于物质需求满足之上的，在特定时间、空间范围内遵循某种特定规则的，追求精神需求满足的社会行为方式。游戏的范围比大家常说的电子游戏，如手机端游戏、计算机客户端游戏、网页游戏等要大得多，甚至小孩常玩的捉迷藏、弹玻璃球以及丢沙包等，都属于游戏范畴。

随着社会的发展，游戏形式已经有了很大的变化。从过去线下的游戏活动，到后来的单机版游戏机，再到互联网时代的联网游戏，直到现在移动互联网的移动端网络游戏。**无论游戏如何发展，其基本思想都是一致的，就是在同一时间、同一空间（实体或者虚拟）内，按照某一个公认的规则，大家一起玩或者自己单独玩。**传统的游戏是一种"接触型"的游戏，需要人与人面对面在实体空间中进行。而网络游戏时代带来了更加迅速便捷的"非接触型"游戏，实际上"非接触型"游戏已经基本充满人们日常的游戏需求。因此，本文将主要探讨互联网游戏的相关观点。

互联网游戏需要依托相关的工具或者软件。单机版游戏机的诞生可以认为是互联网游戏的先声，其后随着信息技术的发展，逐渐诞生了网页游戏、手机游戏等一系列游戏类型。就其主要特点而言，游戏项目可有如下分类。

1．单机游戏

这类游戏是指只使用一台计算机或者其他硬件设备就可以独立运行的电子游戏。区别于网络游戏，它不需要专门的服务器便可以正常运转，部分也可以通过局域网或者战网进行多人对战。游戏玩家不连入互联网即可在自己的计算机上玩的游戏，模式多为人机对战。

2．网页游戏

网页游戏又称 Web 游戏、无端网游，简称页游。它是基于 Web 浏览器的网络在线多人互动游戏，无须下载客户端，关闭或者切换极其方便。大致可分为三种类型：一是基于 Web 浏览器，使用 PHP/ASP/Perl 等解释语言建设的虚拟社区；二是基于 Web 浏览器，使用 Flash/JAVA 技术制作的游戏；三是需要下载客户端并连接专用服务器运行的游戏。

3．网络游戏

网络游戏又称"在线游戏"，简称"网游"，指以互联网为传输媒介，以游戏运营商服务器和用户计算机为处理终端，以游戏客户端软件为信息交互窗口的旨在实现娱乐、休闲、交流和取得虚拟成就的具有可持续性的个体性多人在线游戏。

4．手机端游戏

手机端游戏是指运行于手机上的游戏软件。随着移动互联网的发展以及手机配置的不断加强，手机游戏也经历了不断发展。早期的手机游戏属于单机游戏，只能在自己的手机上玩；现在的手机游戏都是联网游戏，同时具备了休闲娱乐、竞技和社交的功能。早期的手机游戏色彩单一、画面粗糙；现在的手机游戏色彩丰富、画面精美。早期的手机游戏都是二维游戏；现在很多游戏公司都推出了三维游戏，游戏人物设计更立体、丰满。

5．街机游戏

街机游戏是一种放在公共娱乐场所的经营性的专用游戏机，街机游戏是最古老的电子游戏。这类游戏目前主要在一些线下的游戏厅，随着网络游戏的发展，该类游戏所受的关注度逐渐减少。

上述分类是基于游戏所使用的软件、硬件系统来划分的，虽然不同类的游戏有一定的交叉，特别是手机端的游戏跟 PC 端的游戏分类几乎一样（都有单机游戏、网页游戏以及网络游戏），但是其主要的功能特点还是有所差异的。从本身特点来看，所有游戏最大的两个共同点即为可玩性与营利性。可玩性是用户最关注的点，然而从公司的角度而言，他们最看重的是营利性，所以很多游戏都针对这两者进行不断优化，以达到最佳效果。

19.1.2 游戏领域存在的问题

无论哪一类游戏，最重要的是要有一定的用户群基础，虽然模仿出相似的游戏产品比较容易，但是要取代已有的游戏产品，还是有一定的难度的。这主

第 19 章
游戏：机会还是泡沫

要在于已有游戏产品的用户群基础形成了强大的壁垒，而跟风的游戏产品如果没有给用户带来足够的新鲜感，那么用户是没有玩游戏的动机的。

从游戏的角度来看，游戏给用户提供了一种新的娱乐方式。那么游戏领域存在的问题，也可以从游戏和用户的角度去看。

1．游戏规则完全由游戏厂商制定

目前所有的游戏都由一个中心化的游戏厂商进行运营，所有游戏机制的设计、人物、场景的 UI 设计以及相关的游戏规则都由游戏厂商直接制定，并且部分游戏厂商会随意修改游戏规则，导致用户体验极差。

2．游戏道具由游戏厂商制造

游戏的道具等都由游戏厂商直接制造，并且存储在该游戏公司的中心化服务器中。因此，所有的一切都归厂商所有，玩家只是道具的使用者。很多玩家都遇到过封号等事情，这是因为厂商有着绝对的话语权，可以随时封号，并且游戏厂商出于营利的目的，很多道具会随意发行，这就导致道具通货膨胀，最终走向贬值。

3．虚拟资产交易由厂商认证

目前，大部分游戏都存在一定的封闭性，其游戏内部道具只能在该游戏场景中使用。如果需要转让等交易行为，则需要经过厂商的同意，并且厂商还需要从中收取一定的手续费。这就导致用户靠自己的时间或者金钱得到的虚拟资产，最终被游戏厂商所控制，而用户本身没有任何话语权。

总体来说，目前所有游戏的痛点几乎都是因为中心化的运营机构而导致的，其强大的权利可以使得用户在游戏中的作用变得极为渺小，厂商可以任意改变游戏规则、游戏道具，甚至封号结束任何用户的游戏生涯。

19.2　区块链+游戏领域

19.2.1　区块链+游戏领域的可行性简析

区块链能给游戏领域带来一定的优势，但是只有真正解决游戏领域痛点的产品，才能被用户广泛接受，只解决痒点的产品很难在面对已有的巨大竞争对手的环境下捕获大批的用户。**实际上很可能会出现用户并不认可的情况，游戏产品本质上就是有用户去玩，没有用户的支撑，产品就只能走向死亡。**

区块链+游戏领域有可行性也有约束性，这点从区块链本质属性和游戏的特点就可以看出端倪。

1. 用户既是玩家也是规则制定者

区块链去中心化的本质属性是和游戏的理念十分相似的，游戏最重要的就是用户共同协商制定一个游戏规则，从而各玩家在遵守规则的前提下进行游戏。区块链游戏在去中心化技术的支持下，开发者无法随意更改游戏的规则。虽然现在有一些游戏也公开代码，但并不是所有，区块链天然把所有的游戏源代码以及规则完全公开在区块链上，所有的玩家都可以看到。

2. 虚拟资产归用户所有

游戏最初的道具可能由开发者制作，但是绝大多数的道具将由用户或者社区的运营者来产生，不受游戏开发者控制。用户可以随时选择退出游戏，并且在退出过程中，可以将账号以及道具进行出售，在退出后不会有太多的损失。

这两点主要针对有道具交易类的游戏，这一类游戏存在一定的投资与交易的属性，所以加上区块链去中心化的属性之后，可以最大化地发挥其价值，避免中心化机构操作的风险。这会彻底改变游戏开发者与用户之间的关系，让游戏回归该有的样子，游戏开发者制定一个最基本的游戏规则，比如足球、围棋一样的规则，玩家根据基本的游戏规则进行相应的活动。

然而从用户角度来看，可玩性以及游戏体验是其最关注的问题。这也是区块链+游戏可行性的一个约束，就目前区块链依托的基础设施而言，当区块链社交拥有数量庞大的用户群，区块链平台将会面临阻塞，极大地影响用户体验。如果无法在用户体验上大大优于现有的游戏，那么区块链对游戏领域的注入反而是一种负面影响。解决方式可以考虑只做小部分用户的游戏产品，也可以考虑采用半中心化的形式。当然，随着区块链技术的发展，未来这样的问题或许可以迎刃而解。

19.2.2 区块链+游戏领域的优势

结合区块链最突出的特点——去中心化、点对点网络、分布式账本、时间戳、信息透明且不可篡改等，将区块链技术运用于游戏领域，将会有以下几个优势。

1. 规则和数据公开透明且不可篡改

区块链信息透明且不可篡改的特性，使得用户无须担心传统中心化游戏厂商随意改变游戏规则、滥发游戏道具等事件的发生。一切跟游戏相关的数据、代码都会公布于所有的用户，就像篮球运动员在打篮球比赛时，参与的双方都知道游戏规则，并且以此作为基础来进行比赛。未来的区块链游戏亦是如此，

第 19 章
游戏：机会还是泡沫

一切都将回归游戏的本质。

2．用户对资产享有所有权

游戏的账号密码可以基于区块链生产，不受游戏厂商开发者控制，账户名下的所有资产都是基于区块链技术（比如 ERC721）生成的，用户是其唯一的所有者，这一切都无法被任何参与者所篡改或者夺权。

3．提高道具等资产的流通性

区块链的本质是去信任，通过技术来解决两者之间的信任问题。信任问题一旦解决，陌生人之间的道具等资产的交易就会变得更为容易，整个游戏资产系统的效率随之增加，不需要游戏厂商或者第三方中介平台进行"牵线搭桥"。

19.2.3　区块链+游戏领域的阻碍和限制

区块链技术本身的优势能给社交领域带来新的活力，但社交产品是用户导向的，就算结合了区块链技术，没有找到用户痛点，吸引不了用户群，也注定难以成功。

1．产品亮点

区块链技术当下已十分火热，但目前许多产品都只是借用概念，尚未利用技术产生真正的效益。游戏产品也需要考虑同样的问题，不是为了要用区块链而用区块链，而是要真正结合区块链的技术优势，找准用户痛点，打造出具有产品亮点的游戏产品，才能黏住用户，存活于市场之上。

2．处理速度

基于以太坊的区块链项目，其 TPS（每秒交易量）约为 30～40，这样的处理速度还远远达不到区块链 3.0 时代各种应用的需求。实际上目前区块链的基础设施还支撑不起大规模的商业应用。随着互联网的发展，不管是从画质还是从操作自己联网参与人数的角度来看，目前的游戏对平台的要求越来越高，需要提供支撑的硬件设施就越多，区块链技术目前的发展，对短时间内巨大信息量的处理仍旧是一个短板。因此搭建区块链游戏平台，必须考虑技术上的可行性和稳定性。

3．未来游戏的发展

目前游戏产业正在快速发展，从单机到网络，从单人到多人。游戏产业的发展也逐渐偏离其原有的属性，很多游戏自带了很大的投资属性，用户去玩游戏并不是为了娱乐，而是其背后对应的价值。有资产交易属性的游戏固然适合于区块链，然而纯娱乐性的游戏（如刺激战场）本身并没有交易属性，而是以娱乐性为主，如果未来的游戏都以娱乐性为主，那区块链在游戏领域的优势就并不明显了，传统互联网的性能等优势反而更适合于该类游戏。

19.3 小　　结

　　区块链在游戏领域带来的优势是显然和肯定的，但是怎样利用这样的优势去与用户的关注点相契合是区块链游戏产品最优先也最需要考虑的问题。

　　(1) 资产交易类游戏适合区块链：该类游戏本身不在于娱乐性，可玩性及用户体验较差，但是其投资属性的特点更受用户关注，因此该类游戏适合用区块链的方案来解决。

　　(2) 游戏规则公开透明不可篡改：区块链信息透明且不可篡改的特性，使得用户无须担心传统中心化游戏厂商随意改变游戏规则，滥发游戏道具等事件的发生，一切跟游戏相关的数据、代码，都会公布给所有的用户。

　　(3) 资产归用户所有：游戏的账号密码可以基于区块链生产，不受游戏厂商开发者控制，账户名下的所有资产都是基于区块链技术（比如 ERC721）生成的，用户是其唯一的所有者，这一切都无法被任何参与者篡改或者夺权。

　　(4) 处理速度是瓶颈：基于以太坊的区块链项目的 TPS（每秒交易量）是令人担忧的，这样的处理速度还远远达不到区块链 3.0 时代各种应用的需求。实际上目前区块链的基础设施还支撑不起大规模的商业应用。

　　(5) 游戏的发展是关键：从游戏的本源来看，其存在的价值是为人们提供一种娱乐的方式，因此其价值在于可玩性，未来游戏发展趋于本源的话，则其区块链化的意义不大，用户的关注点在于游戏体验，除非区块链的技术实现可以比互联网带来更好的游戏体验。

　　随着区块链技术的不断发展，当区块链对数据的处理速度能满足游戏产品的要求时，只要能找准用户的其中一个痛点，设计出亮点产品，区块链就能在游戏领域大放异彩。

第 20 章 社交：解决用户痛点

20.1 社交领域现状

20.1.1 基本概念

社交，从定义上来说，就是社会上人与人之间的人际交往。**人们运用一定的方式或工具来传递信息、交流思想，从而达到某种目的的社会活动。**

从古至今，社交形式已经有了很大的变化。古时候，在无法面对面的情况下，社交的形式以书信为主，效率低下，不仅不具有即时性，在一定时间内传播的信息量亦非常少。而在互联网技术发展迅速的当下，人与人之间的社交已经变得十分简单便捷。就算身处遥远两地，互联网的联通使得信息及时可达，除了文字，还可以以视频、语音的形式进行沟通。

传统的社交是一种"接触型"的社交，需要人与人面对面进行信息的交互。而网络社交时代带来了更加迅速便捷的"非接触型"社交，实际上"非接触型"社交已经能解决人类绝大部分的社交需求。因此，本文将探讨网络社交的相关观点。

网络社交需要依托相关的工具或者软件。电子邮件的诞生可以认为是网络社交历史的开端，其后随着信息技术的发展，逐渐诞生了即时通信类软件、知识分享类等适应于不同社交应用场景的软件。

不同的社交平台有着自己独特的作用，根据社交平台的不同特点，可以对其进行不同的分类。发展到目前来看，根据社交平台主要提供的社交功能来看，可以将目前主流的社交平台进行一定的分类。

1．通信类平台

主要为用户提供通信服务的平台。电话通信的收费较高是该类平台成长迅速的一个驱动力，另外随着网络资费的降低，通信类平台更是受到了广大用户的偏好。这类平台解决了用户最真切的需求，即与其他固定用户之间的信息通信，包括文字传递、语音及视频的传递等。这类平台软件较多，如微信和 QQ（主打用户之间的即时通信）、邮件平台（主打文字和较大文件的传输）。

2．匹配需求类平台

主要为用户提供需求匹配服务的平台。这一类平台的细分市场有很多，比如交友类的，如陌陌；比如征婚类的，如世纪佳缘；或者是二手物品交易类的，如闲鱼等。这些平台的一个共同特点就是用户有各自的需求，但是不能找到一个合适的匹配方进行，平台从中提供一个方便的渠道，并且具有一定的审核监管以及背书的作用。

3．分享类平台

该平台主要是用户提供内容的分享为主的平台。用户在该类平台发表的内容都是较为简单的。绝大多数用户都是分享其他用户的内容。用户在平台上分享内容时进行互动，或者在就某一内容评论时进行互动。该类平台和创作类平台的信息互动有些类似，但是其主要是针对少量信息的高度流转为目的的。这类分享类平台有：微博（文字信息及视频动图的分享）、某些图片或视频分享网站。该类平台可以面对熟人以及陌生人之间的社交。

4．创作类平台

该平台主要是用户创作的作品提供发表的平台。用户在该类平台发表的内容和作品一般比较成体系或者成篇，具有一定的意义和价值。用户在平台发表以后，可以得到其他用户的阅读，基于发表的内容，其他用户之间，或者用户与发表者之间可以进行信息的交流与互动，从而达到社交的目的。这类创作类平台有：博客网站、各种论坛网站（天涯论坛、百度论坛等）、知乎平台、抖音短视频（主打以创意为主的短视频的发表）等。该类平台主要面对陌生人之间的社交。

上述是基于社交平台本身的属性和需要解决的用户需求来划分的，虽然不同类的平台有一定的交叉，这在技术上也能够实现，但是各类平台的主要功能和性质确实是不一样的。

20.1.2 社交领域存在的问题

无论哪一类平台，最重要的是要有一定的用户群基础，这也正是虽然比较

第20章
社交：解决用户痛点

容易做出同质化的社交产品，但却大部分并未取代已有成熟产品的原因。这主要在于用户群基础形成了强大的壁垒，没有解决用户痛点的产品，用户是没有平台转移的动机的。

从网络社交的角度来看，平台给用户提供了一座桥梁，连接了用户和用户。那么社交领域存在的问题，也可以从平台和用户的角度去看。

1．平台信息的泄露

用户在平台上分享视频，或者和亲密的好友聊天，这其中的信息传递是需要平台作为第三方来运营的，那么平台也就完全能够捕捉到用户在平台上产生的各种数据。

用户信息可能被泄露，一方面是社交平台的服务器存储了相关的信息，一旦服务器被黑客攻击，用户信息就会被盗取。另一方面是社交平台本身主动泄露用户信息，这多是平台为了利益将用户信息出卖给其他的商业组织。曾经风靡一时的 MSN，受到过不少人的青睐，然而后来爆出了用户信息安全隐患等负面新闻，而被用户所抛弃，最终 MSN 被迫退出中国市场。

2．用户连接成本高

用户之间的连接主要是靠信任，目前已有的社交平台要么是微信类的熟人社交，要么就是微博类的陌生人社交。对于陌生人社交这一块，信任是两人建立联系的基础条件。目前来看，两个陌生人建立联系并没有一个非常好的途径，一般都是熟人相互介绍，这种时间成本很高；另一种就是互相搭讪聊天，这种信任风险很大。平台在这个过程中有一定的促进作用，但是效果并不明显。

3．用户虚假信息的传播

社交平台本质上就是给用户提供信息交互，而近年来恶意用户在社交平台上传播虚假信息的情况也屡见不鲜。究其缘由，首先是发起的用户本质是恶意的，通过传播虚假信息来获得一定的利益或者关注度。其次传播者可能是被利用或者恶意的，由于无法识别信息的真假，但又认可信息中的观点（或被吸引），从而承担起了虚假信息的传播者角色。另外，平台作为一个给用户提供信息交互服务支撑的第三方，在虚假信息的传播时，也应当负有一定的责任。

虚假信息带来的后果是难以想象的，特别是对于分享性特别强的社交平台，一旦有虚假信息乱入，在高频率的分享之下，信息的传播范围之广，被欺骗的人数之多，都是呈现几何式增长的。

20.2 区块链+社交领域

20.2.1 区块链+社交领域的可行性简析

区块链+社交领域有可行性也有约束性,从区块链本质属性和社交的特点可以说明。

1. 点对点是区块链也是社交

区块链点对点的本质属性和社交是十分相似的,社交最重要的就是在各个用户之间能实现信息的交互。区块链可以构建一个点对点通信的平台,让用户进行信息的交互,这在技术上已经极易实现。同时还可以开发其他辅助功能,如群组聊天等。

2. 用户信息保护有市场需求

随着社会的发展,人们也越来越注重个人尊重和隐私,许多社交平台都需要上传用户的相关信息,并且会记录用户的很多行为踪迹。如消费行为、搜索历史、点赞评论记录等。拥有了用户的相关信息之后,就可以对用户进行精准的广告投放,甚至是电话推销骚扰。实际很多用户都有信息被莫名泄露的体验,而区块链的加密和去中心化的特点,迎合了用户隐私信息保护的诉求。

3. 大型应用的技术支撑

这是区块链+社交可行性的一个约束,就目前区块链依托的基础设施而言,当区块链社交拥有数量庞大的用户群时,区块链平台将会面临阻塞,极大地影响用户体验。如果无法在用户体验上大大优于现有的即时通信等社交平台,那么区块链对社交领域的注入反而是一种负面影响。解决方式可以考虑只做小部分用户的社交产品,也可以考虑采用半中心化的形式。当然,随着区块链技术的发展,未来这样的问题或许可以迎刃而解。

区块链社交的本质是解决中心化平台的各种缺陷,为用户带来更自由流畅的社交环境。社交总是伴生各种行为的,而在区块链上,通过跨链技术,各个区块链项目可以进行打通,这样一来使用社交产品的用户,或许可以非常流畅地与其他产品进行交互连接。总之,区块链技术的应用对社交领域而言,在领域问题的解决和技术上,都是有一定可行性的。

20.2.2 区块链+社交领域的优势

结合区块链最突出的特点——去中心化、点对点网络、分布式账本、时间戳、信息透明且不可篡改等，将区块链技术运用于社交领域，将会有以下几个优势。

1. 消除信任问题，降低沟通成本

区块链的本质是去信任，通过技术来解决两者之间的信任问题。信任问题一旦解决，陌生人社交就会变得更为容易，整个社交系统的效率随之增加，不需要周边熟人介绍或者第三方中介平台进行"牵线搭桥"。

2. 智能合约——社交正外部性的内部化

社交正外部性指的是用户在社交平台上进行社交行为，但由此给平台带来了正面的收益。具体来说，用户在社交平台上发布信息，除了让自己获得关注，或者和其他用户进行了信息的沟通交流，对自己有正面效应以外，实际上平台也获得了用户这一行为所带来的正外部性。实际上平台为用户提供了社交的功能，没有社交平台提供的相关服务，用户与用户之间无法进行沟通和交流，但本身是一种相辅相成、互惠互利的关系，然后这样一种关系是不甚明朗的，相比而言，平台在拥有一定量用户之后进行的广告投放等商业收入是极其可观的，不言而喻，用户给平台带来的收益远远大于平台给用户提供服务的价值。

在区块链构建的社交平台上，可以利用区块链的智能合约来解决该问题。通过建立一定的社交贡献评价机制，记录和评价用户在社交平台上的种种具有正外部性的社交行为，将其作为转化利益反馈给用户，实现内部化。避免了现存的这种外部性被平台掠夺的现象。

3. 分布式账本——用户信息的自我掌控

区块链的社交平台使用的是分布式的记账方式，不再像传统的社交平台一样，由平台持有用户的所有信息，而是每一位用户手上都有一份账本，该份账本可以记录所有用户的信息，根据信息的重要性不同，可能会有一定的加密处理。每个用户的信息都是掌握在自己手中的，不属于任何一个平台所有。用户可以根据自身不同信息的价值，基于不同的价格给出信息的分享或者出售，做到了用户信息的权利还之于用户。Facebook 创始人扎克伯格在 2017 年曾言：利用加密技术和加密货币，把中心化系统的权利归还到人们手中，我将深入研究这些技术，探索如何应用于我们的服务。

4. 点对点——用户作品收益的提高

某些社交平台上用户作品的发布是有一定价值的。用户创作作品，在平台上进行发布以后，可以得到用户的使用或阅读，从而获得一定的收益。而平台作为服务的提供方，在其中会抽取一定比例的提成费用。使用区块链社交平台，基于区块链点对点的特点，在社交领域搭建了一个不需要第三方组织作为中间方就可以进行社交互动的区块链网络，去掉了中心化平台的利润提成之后，做到了将收益完全还之于用户，可以使得用户收益提高，并且作者作品在链上发布，也可以得到永久的确权。

5．加密技术——数据传播的安全保证

区块链最显著的特点就是加密技术，目前区块链相关的加密技术已经取得了很大的发展，甚至不少区块链项目就是聚焦在数据加密技术领域。如多方计算技术（sMPC）通过将需要计算的数据分解成多个碎片来进行加密，分配给多个节点进行计算，保证各个节点根据单独的碎片无法解密原始数据。区块链社交可以将需要保密的用户隐私信息进行加密，保证信息只在特定的用户之间进行传播或者共享，其他方即使拦截也无法解密出原始信息。

6．时间戳——虚假信息传播的解决

区块链可以将用户的每一次操作都打上时间的烙印，并且每一次操作都记录在各个用户的分布式账本上，信息无法篡改。对于虚假信息的传播，可以根据信息的传播记录，溯源到信息的源头，从而找出虚假信息的传播者。

20.2.3　区块链+社交领域的阻碍和限制

区块链技术本身的优势能给社交领域带来新的活力，但是社交产品是用户导向的，就算结合了区块链技术，没有找到用户痛点，吸引不了用户群，也注定难以成功。

1．产品亮点

区块链技术当下已十分火热，但目前许多产品都只是借用概念，尚未利用技术产生真正的效益。社交产品也需要考虑同样的问题，不是为了要用区块链而用区块链，而是要真正结合区块链的技术优势，找准用户痛点，打造出具有亮点的社交产品，才能黏住用户，存活于市场之上。

2．政府监管

就如比特币给黑市交易提供了土壤一样，在区块链的加密技术之下，用户端对端的信息交流可以得到很好的加密保护，但是这也给政府监管带来了一定的难度。对于使用该类区块链社交软件进行非法活动——反国家反社会的恐怖活动，如何进行有效监管并及时对其进行阻止和制裁，是需要考虑的问题。用户的隐私固然是重要的，但是国家安全及社会稳定也是不可忽视的，如何在二者之间找准一个能够共赢的解决方案，在社交产品设计初期就需要加以考虑。

3．处理速度

基于以太坊的区块链项目，其 TPS（每秒交易量）约为 30～40，这样的处理速度还远远达不到区块链 3.0 时代各种应用的需求。实际上目前区块链的基础设施还支撑不起大规模的商业应用。

在 2012 年，Data Center Knowledge 估计 Facebook 共有 180000 台服务器，这么多的大型服务器共同作为背后支撑，维护了 Facebook 的正常运行。2017 年，微信团队发布了《2017 微信数据报告》，其中有以下相关数据。

- 微信日登录用户达 9 亿。
- 日发送消息次数 380 亿。
- 朋友圈日发表视频次数 6800 万。
- 公众号月活跃账号数 350 万。

由以上两个重量级的社交产品的相关数据可以看出，用户基础越大，信息的发送就越多，需要提供支撑的硬件设施就越多，区块链技术目前的发展，对短时间内巨大信息量的处理仍旧是一个短板。因此搭建区块链社交平台，必须考虑技术上的可行性和稳定性。

20.3 小　　结

区块链在社交领域带来的优势是明显和肯定的，但是怎样利用这样的优势去与用户的痛点相契合，是区块链社交产品最优先也最需要考虑的问题。

（1）**用户信息的自我掌控**：每个用户的信息都是掌握在自己手中的，不属于任何一个平台所有。用户可以根据自身不同信息的价值，基于不同的价格给出信息的分享或者出售，做到了用户信息的掌握权力还之于用户。

（2）**沟通成本大幅度降低**：区块链的去中心化以及去信任化的特点，可以让任何两个想要互相认识的人提供了便捷的渠道。相互之间无须中间人进行介绍，并且在认识前，可以通过相应的手段对其进行了解和评估。

（3）**数据传播的安全保证**：区块链社交可以将需要保密的用户信息进行加密，保证信息只在特定的用户之间进行传播或者共享，其他方即使拦截也无法解密出原始信息。

（4）**促进内容创作等泛社交行业发展**：使用区块链社交平台，基于区块链点对点的特点，在社交领域搭建了一个不需要第三方组织作为中间方就可以进行社交互动的区块链网络，去掉了中心化平台的利润提成之后，做到了将收益完全还之于用户，可以使得用户收益提高，并且作者作品在链上发布，也可以得到永久的确权。

（5）用户是稀缺资源：社交网络需要规模效应，用的人越多，其价值越多，目前主流社交产品的垄断程度很高，如何找一个创新点深入，从而获取用户，是目前所有产品需要思考的重点。

（6）处理速度是瓶颈：基于以太坊的区块链项目的 TPS（每秒交易量）是令人担忧的，这样的处理速度还远远达不到区块链 3.0 时代各种应用的需求。实际上目前区块链的基础设施还支撑不起大规模的商业应用。

（7）政府监管问题严重：保护隐私一方面满足了用户的需求，但是另一方面也加大了政府的监管难度。如何设计一个合理的监管体系是未来区块链+社交发展的一个重要的研究点。

随着区块链技术的不断发展，在其技术能支撑起社交产品的海量信息处理的前提下，只要能找准用户的其中一个痛点，设计出亮点产品，区块链就能在社交领域大放异彩。

第 21 章 能源：或是伪区块链应用

21.1 能源行业现状

21.1.1 能源行业基本概念

能源工业主要由生产和输送电能的工业组成，可以分为**发电、输电、配电和供电**四个环节。电力工业产业链如下（图21-1）：

图 21-1 电力工业产业链流程图

发电是将一次能源通过生产设备转换为电能的过程；输电是将发电厂生产的电能经过升压，通过高压输电线路进行传输的过程；配电是将高压输电线上的电能降压后，分配至不同电压等级用户的过程；供电又称售电，是最终将电能供应和出售给用户的过程。

可用于发电的一次能源分为不可再生能源和可再生能源，不可再生能源主要有煤、石油、天然气等化石能源；可再生能源包括风能、太阳能、水能、生物质能、地热能、海洋能等非化石能源，它们在自然界可以循环再生。**风能相对光能更加稳定**，其他电网可利用发电机补偿。光能只存在于白天，由于云层覆盖，所有的太阳能供应都呈间歇性，瞬时生产的不稳定，可能损坏电网基础设施，或者给电网补偿带来技术挑战。

能源的未来一定是可再生能源。可再生能源的现状是不稳定的，阳光和风力不可能稳定供应。解决办法是建立储能系统，主要是电化学储能，即各种电池。抽水储能，在用电低谷期将水位提高，用电高峰利用水位降低的势能增加电力供给。

21.1.2 部分国家电力能源现状对比

- 中国：国网、南网、5 大电厂形成垄断；火电为主，水电、风电、核电、光电为辅；
- 澳大利亚：发电厂发电，国家电网传输，电力零售商销售；
- 美国：各州差别很大，其中加利福尼亚州在利用可再生能源方面相当成功。

中国是偏重工业的国家，分布式可再生能源无法支撑用电。但是未来 50 年，可以预见，每家每户都拥有储能系统和产能系统，App 自主管理，实现国网和个人的双向电力传输。光伏发电成本低于火电。

目前国内的能源改革集中在电网策略，比如调频、储能以削峰填谷。电力市场扭曲以及工业用电补贴民用用电，导致电力峰谷差价比较小。居民用电峰谷差价，国外大于 3 元，国内不超过 1 元。能源互用策略在居民用电上没有利润，工业用电不能支撑，没有市场。全球的**新能源发展主要靠补贴**，比如澳大利亚，发电成本是 0.08 澳元，政府补贴 0.2 澳元。

21.1.3 能源行业存在的问题

- **电力传输损耗大**，用户缴纳的电费中约有 38％是用来支付传输基础设施和电能损失的；
- **电力交易不透明**，目前的电力交易中心绝大多数都被大型国企控股；
- **再生能源占比低**，主要还是集中在火电上，新能源的占比太少。

21.1.4 能源行业的发展趋势

根据 2018 年国家能源局发布的《2018 年能源工作指导意见》，2018 年能源工作的主要指导方针为建立"**清洁低碳、安全高效**"的能源体系。其中，"**更加注重依靠创新推动发展**""**推动互联网、大数据、人工智能与能源深度融合，培育新增长点、形成新动能**"是政策取向之一。

现在都在提倡能源互联网，而能源互联网的背景是未来能源行业的发、输、用、储以及金融交易等环节都会发生巨大变化。随着能源的需求和能源生产模式的转变，能源生产的方向很可能逐步由**集中化生产模式**转变为**分布式生产模式**，分布式能源是基于现阶段能源行业的发电、传输、用电、储能的数据及金融交易的大背景下，所提倡的一种新型能源系统。

- **发电**：未来会从现在单一的集中式的大型电源过渡到集中式电源和分布式电源相互和谐存在的模式。

第 21 章
能源：或是伪区块链应用

- **传输**：电网的变化是因为大量分布式可再生能源，使电网的拓扑结构会从现在远距离、高电压、大型甚至是跨国的超大型电力网络，变成**既有超大型的特高压网络，又有区域级别的小型、微型网络共存的一种新的电网拓扑结构。**
- **用电**：能源消费将是在能源互联网中最重要的板块，**消费者在能源互联网时代其角色将不仅仅是单纯的消费者，而是以另外一种新的形态出现，既是生产者又是消费者。**消费者可以通过需求侧响应计划，积极参与社区需求侧响应项目，还可以作为虚拟电厂成员加入虚拟电厂项目，同时还可以通过电动汽车、储能设施，返售电给电网。
- **储能**：以前储能主要指的是抽水蓄能电站。随着现在电化学技术以及电动汽车快速发展之后，电化学电池的产量快速上升，使得储能用电池成本也快速下降，储能在很多区域已经有了经济价值。比如在一些可再生能源资源特别丰富，同时电力价格比较高的地区，布置电化学储能电池就可以电价套利，为投资者以及储能所有者带来经济收益。

总的来说，未来整个能源行业会跟现在有很大的不同，**发电端会逐渐向分布式发展，电网的拓扑结构也会随着发电端的分布而发生改变。**消费者在产业链中的价值会越来越大，成为产业链价值推动者。储能端会作为产业链中新的环节出现，未来会起到很重要的角色。

21.2　区块链+能源行业

21.2.1　区块链+能源的可行性分析

近年来，能源互联网这个概念非常火，同时在政府层面也被写在"一带一路"国家倡议之中。然而能源互联网听起来美好，实现起来还是有很多困难的，因此有人提出了用区块链技术协助能源互联网落地。从目前市场上的数据来看，**69%的区块链能源项目都是跟电力相关**，这也是本报告聚焦于电力行业的一个重要原因。这是目前区块链在能源行业的主要应用场景，区块链的去中心化恰恰契合了分布式能源的特点，能够大幅度降低分布式电力的交易成本，**提升交易效率。**这种应用可能会反过来对分布式电力行业带来革命性的变化。原本无法动态交易的家庭分布式设备在未来都有机会接入到一个大的网络中。

区块链浪潮：
连接技术与应用

  电力产业目前主要还是中心化模式，电力故障以及电力短缺的现象也屡见不鲜。比如，中国的西部地区有很多风电站和光伏电厂经常把电力直接浪费，与此同时，在北京、上海这样经济发达的地区，用电需求极高，电价常年居高不下，东西部呈现着完全不一样的局面。区块链技术的出现，使得现有的现象有了一些解决方案可寻。**能源互联网与区块链有较强的内在一致性，两者都必须建立在智能设备物联网的基础上，**区块链和能源互联网都强调去中心化、自治性、市场化、智能化。除此之外，区块链旨在通过分散、自治和高效的系统记录设备所有权和运行状态，自动读取智能电表，结合人工智能技术预测能源需求等，可以使得未来的能源消耗变得更加智能，让消费者从能源供应中获利（图21-2）。

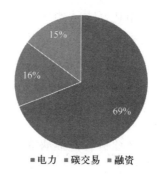

图21-2 能源区块链应用现状（数据来源：中国产能网）

  一方面，区块链可以实现能源的数字化精准管理，每一度电都知道它来自什么地方，而数字世界的每一度电都有数字映射，可以重新建模电力网络，实现精确管理和结算。由于近年来售电行业在所有能源中发展较好，目前基于区块链的去中心化售电应用是区块链的能源应用中的一个热点。

  另一方面，区块链能够提供一个可靠、快速且公开的方式，去记录并验证金融及业务交易。这些交易可能包括出售与购买电力——亦无须通过中间人，而在这种情况下，现有的公用事业公司就会垄断市场。鉴于分布式能源（如电池和太阳能电池板）的迅速崛起，能源行业的区块链应用市场会得到快速发展。

  目前市面上的大多数电力应用，还是处于一个探索阶段，**区块链+电力**更为重要的是**物联网**的接入，**电力是一种物理量，**而物理量需要有相关物联网的数据采集、网关、数据接口、信息传递的网络，但就目前来说还不够完备。比如每家都有电表，但是绝大部分电表都是电网公司所有，电网公司的电表数据所有权是电网公司的，它不会向电力的生产者和消费者来进行分享，这样就限制了在要去做电力+区块链的一些中国公司。所以**区块链+电力必须紧密围绕市场软硬件的需求**、**政策法规**等问题来寻求未来的商业模式和可持续能源系统技术研究。区块链与能源领域的结合，不是单纯的技术问题，两者的结合还需要相当一段时间的探索。

21.2.2　区块链+能源的优势

能源在国内、国外的发展方向主要应是"清洁"与"高效"两方面，而区块链技术应主要在"高效"方面对现有行业有所改善，有可能在去中心化、降低信任成本等方面产生应用。

1．去中心化，降低信任成本

利用区块链技术可以实现不借助中心化清结算机构的点对点直接交易。这可以解决目前分布式发电就近销售的支付及清结算挑战，尤其适用于隔墙售电应用场景，在基于区块链的售电场景中，不再需要依托售电公司完成电力生产和消费的清结算工作，实现了交易的去中心化，降低交易信任成本。以前由第三方售电公司所构建的供需之间的中介信任转而由区块链分布式账本实现，也可以降低交易的信任成本。

2．线损的确定

不同电力之间转换的损耗、电力远距离传输和其他的运行带来的线损，目前都是由电网公司单方面决定，但是未来这些都可以通过区块链进行公证。

3．碳排放认证

采用区块链搭建碳排放权认证和交易平台，给予每一个单位的碳排放权专有 ID，加盖时间戳，并记录在区块链中，实时记录发电机组的碳排放、碳交易行为，并对超标企业进行罚款。

4．去中心化的多电力系统协同

采用区块链记录不同电力系统的实时生产信息及其成本，在跨电力类型市场时，可记录多个电力系统之间的交易及其价格信息，在此基础上实时生成各地区各类电力的边际价格。

5．电力金融

利用区块链分布式总账实现强制信任，相关方点对点互动，智能合约自动执行电力交易，需求波动自动响应，区块链还可以实现电站收益直接证券化，基于股权平台实现电站众筹。

21.2.3　区块链+能源的缺点和限制

新的能源产业链的出现就需要新的技术来实现，并且更需要新的体制以及

区块链浪潮：
连接技术与应用

商业模式来支撑，但目前来看，这些其实还是跟不上技术的变化。区块链作为一种解决方案，其实是难以落地的，因为现在理想中的能源互联网的理念和概念其实有非常多的缺陷。

1．系统风险

电力不同于数据交易和金融交易，必须满足电力网络的物理约束条件，而区块链售电在机制设计的时候强调去中心化，强调用户间的自协调和自撮合，但是分布式发电用电存在波峰波谷较大，不确定性较大、用户习惯趋同性、交易非理性、市场力过于集中等问题，因此，非常容易造成区块链上的点对点电力交易需求暴增或者暴减的问题，并且如果没有精妙设计的电力价格行程机制作为支撑，容易在系统内造成系统性风险。

2．依赖能源供应去中心化

无论对于生产者还是消费者而言，电能都只是一种商品，不同供应商提供的一度电和一度电之间并没有区别，在能量上是同质的，不管是在什么地方生产，用户关心的是是否安全、稳定和廉价。目前电能有一个很强的特性就是规模效应，规模越大，成本越低，所以它是天然的规模经济，只要求便宜。因此从消费者角度来说，对能源的去中心化，并没特别大的需求。

3．专业服务限制

区块链也不是万能的，在新模式的售电方式中，依旧存有问题。区块链技术的去中心化只能解决交易的去中心化，信任的去中心化。而电力专业能力的中心化仍然需要由专业的服务机构提供，而电力相对于其他商品的特殊性质很大一部分就在于其专业性，售电公司除了提供撮合买卖的供需中介服务以外，还要为用户提供电能质量管理、电能安全服务，甚至有很多售电公司还提供设备运维保养服务，以及专业的节能减排和效率优化方案，这些专业性服务都是无法通过区块链去中心化的。

4．信息安全

此外，在信息安全问题上，区块链的去中心化分布式数据架构，以及加密和共识机制是对于数据库结构的一次革命，因此，目前信息安全学界和业界并没有深入探讨如何设计适应区块链架构的信息安全体系和战略，对于信息安全界来说，需要完全不同于以往的新范式，而且考虑到在电力能源网络内大量的物联网设备，区块链+物联网的信息安全存在挑战。

5．监督管理的限制

再从政策方面来看，区块链是基于比较成熟、充分的市场化背景下，再去中心化。结合中国当前的实际情况来看，不管是油气市场，还是电力市场都是强监管，电力体制改革，也在进行中，没有彻底落地。

6．盈利模式

将区块链技术引入电力行业，根本的目的还是未来盈利。因此，在去中心化，以及点对点组织之后，企业靠什么盈利成为当下首要的问题。目前全球绝大部分的区块链项目都是靠发行代币融资，并通过代币的增值盈利，但是代币同大部分国家的货币管理政策和金融管理政策并不兼容，尤其是在中国，已经明确禁止代币交易所，以及各种基于代币流通的商业模式，如果企业希望通过区块链的去中心化售电盈利，还需思考合法具体的盈利方案。

21.3 小　　结

从理论上来看，在能源行业的全链条上的各个领域都可以和区块链结合起来，所以关注区块链在电力行业的应用是有必要的。然而要实现把能源行业这些业务搬到区块链上，是非常不成熟的，还不足以支撑在能源行业目前的落地。以区块链目前的发展阶段，还需要很长的路才能在能源行业落地，才能在能源行业应用。

（1）分布式发电目前还处于探索阶段，目前还是国家性质的中心化发电厂来服务大家，在中国这样的局面应该还要保持很长一段时间，这也意味着**区块链技术在分布式这一块的应用还不容易被市场接受**。

（2）**在发电领域，最主要的应用场景是分布式能源基于微网的区块链售电**。由于电力在运输过程中存在损耗，交易成本随距离的增长而提高；对于电压等级较低的分布式光伏发电，其运输、交易基本应围绕能源产生地的周边进行，所以**分布式能源的电只适合小范围使用**。

（3）**政策方面**，能源是强监管、强政策的基础行业。能源供应属于国家基础设施建设的一部分，能源项目需要得到政策允许或购得资质、牌照等才能推行。国家政策方针，对区块链技术和能源的结合影响重大。

（4）**储能领域或是区块链技术的一个应用点**。通过应用区块链技术，把能源当成类似于共享单车的产品，允许公众通过使用权的分享，去调用在某用户名下的储能设施，并支付费用。**但是这本质上是共享经济的内容，在本报告中不过多赘述**。

除了上面所说的之外，在理想状态下，区块链技术在能源行业的应用还是很多的：

(1) **交易层面**：以售电公司售电数据的分析，进行确权和登记，售电交易根据智能合约进行自动结算；公司层面的电力交易所的场内场外交易也可以通过区块链实现。

(2) **点对点交易**：基于区块链方案，光伏分布式发电交易模型就会变得非常简单，点对点直接交易，过程成本低，交易成本低。

(3) **监管层面**：减排、排放有关数据和文件电子化，确保数据不可篡改，降低监管成本；

(4) **公证溯源**：线损是电网公司说了算，包括不同能源之间转换的损耗以及热电联供、热电互换其实都是不同品种的能源之间的转换，然后进行传输。区块链可以确认能源远距离传输和其他运行带来的线损。

第三部分——现状与展望篇

第22章 为什么说区块链是数字时代生产关系的革命

面对 BAT 三座大山，区块链是互联网的星星之火，可以形成燎原之势，在数字时代，人工智能提升生产力，区块链重塑生产关系，而物联网则是拓展生产资料。

（1）数字时代，垄断代表着数字资源的集中，让信息传递和交易更加高效，是"蛋糕做得大"的最佳方式；

（2）"蛋糕做得大"，并不意味着"蛋糕分配得好"，必须制定更加合理的切分蛋糕的标准，才能减少直至避免社会分配过程中出现浪费和不公；

（3）在数字时代，需要区块链来引领生产关系的改变，原因是：

- 数字资产（及无形资产）成为人们的重要财富之一，需要新的产权制度来界定边界；
- 市场实体的边界逐渐模糊，公司和用户相融相生。

（4）Token 投放的"免费逻辑"：Token 作为未来平台的权证，可以有效帮助企业聚集社区，让用户从单纯的"消费者"转变为"投资消费者"，让用户从单纯的"口碑传播"，转变为和企业形成利益共同体的推广传播，从而加速生态化平台的形成。

22.1 数字时代，各个行业为何终究走向垄断？

随着互联网和移动互联网的出现和普及，人们在以过去百倍、千倍的速度生成和传输着数据，推开了数字时代的大门。大大小小网络中光速流动的信息，大大降低了社会生产生活活动中的信息交换成本和交易成本，世界变成了"地球村"。这一改变，让人们可以 24 小时聊着 QQ 和微信、无论天南海北都可

第 22 章
为什么说区块链是数字时代生产关系的革命

以上淘宝购物、出门前就可以叫好滴滴专车……数字时代的到来让人们的生活既方便快捷，又具有较高的性价比。

然而，当各个行业的垄断形成时，人们逐渐发现巨头的面目也变得没那么可爱了：

- 即时通信无时无刻不在监听抓取着人们的数据，自己估值千亿却剥夺了每位用户拥有自身产生数据的价值；
- 电子商务平台在促成买家卖家交易之余，却通过高额"交易手续费""广告推广费"赚取着无数商家的钱；

这些现象不是偶然的，而是数字时代的必然——**在数字时代，信息的流通使得规模效应大大增强**（参与的人越多，每个人平均收益越高、平均成本越低），**这意味着，垄断代表着数字资源的集中，让信息传递和交易更加高效**，所以说数字时代下，各个行业的垄断是一种必然，是提升整个社会资源使用效率的最佳方式，也就是说，是"把蛋糕做大"的最佳方式（图 22-1）。

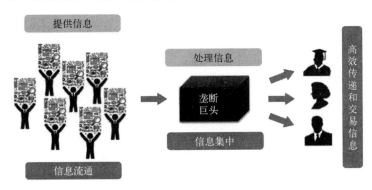

图 22-1 垄断巨头信息处理流程

然而"蛋糕做得大"，并不意味着"蛋糕分配得好"，这也就带来了诸多问题。

22.2 垄断预期下，社会、用户和创业者的窘境

追寻着获取垄断利润的目标，无数创业者跳入了各行各业的红海中——从"百团大战"到网约车大战，再到共享单车大战，历史一遍遍重演，每个行业内的角斗士，在资本鼓手的激励下，用高额补贴、疯狂推广，企图能够快速占领市场，独享垄断的红利。诚然，每个行业最后都能有杀出重围的巨头诞生，但

这真的是大众想要的吗？
- 从社会整体的角度来说，前期过度竞争带来了资源浪费、社会秩序混乱，从共享单车大战可见一斑；
- 从用户的角度来说，巨头最终靠规模效应获得的收益，尤其是每个用户贡献的数据价值，并没有惠及每个人，反而都装到了资本的口袋里；
- 从创业者的角度来说，早期"从 0 到 1"的过程变得极其艰难，用户会提防着你变成垄断的恶龙，同行看到预期的垄断利润会跳下来将蓝海杀为红海，最终创业者只能投靠资本或 BAT 巨头的怀抱。

说到底，这些现象的出现还是在于**人们渴望利用数字时代的规模效应"将蛋糕做大"，却不知道该利用怎样的工具制定更加合理切分蛋糕的标准，使得社会分配过程中出现大量的浪费和不公。**

22.3　区块链——"将蛋糕分好"的利器

有人指责区块链技术"没有创造新的价值""只是财富的转移"，没错，进一步而言，区块链技术并不能像人工智能一样直接提升生产力，但是这并不代表它没有价值。相反，历史上每一次生产关系的革命都大大促进了生产力和整个时代的发展。

1）大航海时代的荷兰，创造性地发明了"股份制"公司的思路，让民间资本可以参与到航海探险中，一改只有王室参与的旧习，让荷兰一跃成为"海上马车夫"；

2）工业革命前夕的英国，通过用篱笆划分草场的边界，开启了产权革命的进程，为资本主义的诞生打下坚实的制度基础，让英国成了"日不落帝国"；

所以说，只有蛋糕分得好，才能让大家在最开始有齐心协力将蛋糕做大的欲望。

那么在数字时代，人们为何认为需要区块链来引领生产关系的改变呢？

第一，数字资产（及无形资产）成为人们的重要财富之一，需要新的产权制度来界定边界。

过去人们只注重有实体形式的物质财富分配，谁家的地、谁家的牛，这些最容易理清产权的归属和界线；现在的人们注重账面财富，债券、基金、股权，也有相应的法律条文规定；然而在数字时代，数字资产逐渐成为人们最重要的财富之一。你的行为数据、你的信用评价、你的人脉网络、你的知识产

第 22 章
为什么说区块链是数字时代生产关系的革命

权,这些很难通过传统方法来量化安排,而公开、可信、去中心化的区块链技术恰恰适合数字资产确权,是时代的选择。

举个例子,在哈希世界里构建了一个与真实世界一样的虚拟世界,通过区块链技术实现游戏中土地的资产确权,无论是管理员,还是其他玩家,都无法更改土地的所有者信息、影响其租金收益、干涉其土地交易,这就从根本上改变了传统游戏运营商的黑箱操作模式,直接保证了产权的永久性及其独一无二、自由交易的特性,更加公开公平。

第二,市场实体的边界逐渐模糊,公司和用户相融相生。

在数字时代和互联网经济中,传统的"生产者-消费者"思维逐渐被淘汰。

公司因为用户的规模化而获得利润,用户因为公司的平台化而降低成本,二者相融相生,本应共同享受规模化"蛋糕做大"的收益,然而冷酷的现实让我们频频看到用户在帮助公司成为巨头后就被扔在一边的惨状。究其原因,其根源在于,传统期权股权的利益分享模式制度成本太高。

而区块链的 Token 机制则更可行、更高效。通过 Token 机制,让去中心化技术主动约束平台方的权利,并通过 Token 升值将规模化带来的收益分享给早期参与者,从而实现共同富裕。

22.4 区块链时代的"免费逻辑"

通过上面的论述,我们发现区块链作为数字时代生产关系的改变者,其背后的社会和经济含义是异常丰富的,也代表着未来的发展方向。

在数字时代,规模化是降低社会总成本、做大蛋糕的关键。实现规模化的根本方法就是用边际收入=边际成本的"免费逻辑"进行产品的大范围快速推广,产生裂变效果,形成规模化后再获得应有利润,这样最符合经济学原理。

可以看到,软件的"免费逻辑"是让用户下载安装不收费,这是因为用户下载软件对于企业来说边际成本几乎为零,所以边际收入也就是定价应该也设置为零,这样最有助于推广,例如 360 的杀毒软件免费战略、腾讯 QQ 的免费战略都证明该战略的成功。

大部分互联网硬件的营销策略是让用户只支付生产硬件成本的价钱(而不是将其免费送给用户),这也符合前面所述的边际收入=边际成本的"免费逻辑"(表 22-1)。

区块链浪潮：
连接技术与应用

表 22-1　互联网软硬件与区块链"免费逻辑"对比

"免费逻辑"公式	类别	表现形式	目标	案例
数字时代：边际收入=边际成本	互联网软件	用户下载安装不收费	形成规模化后，再获得应有利润	360 杀毒软件、腾讯 QQ
	互联网硬件	用户只支付生产硬件成本的价钱	形成规模化后，再获得应有利润	小米手机
	区块链行业	Token 投放，企业向用户收费	聚集社区，形成"消费者——企业"利益共同体进行推广传播，加速生态化平台形成	哈希世界

而在区块链时代，Token 投放的"免费逻辑"是什么呢？人们意外地发现 Token 投放的边际成本竟然为负！也就是说企业把 Token 送给你，企业反而还应该向你付钱！这是什么道理呢？根源在于 **Token 作为未来平台的权证**，可以有效帮助企业聚集社区，让用户从单纯的"消费者"转变为"投资消费者"，让用户从单纯的"口碑传播"，转变为和企业形成利益共同体的推广传播，从而加速生态化平台的形成，来让众多用户了解并参与进来。这才是区块链时代的**"免费逻辑"**。

在人们的一生中，错过一笔收益并不算什么，但错过一次改变那就是不可挽回的损失。哈希研究院希望通过推广和普及区块链技术，身体力行，引领数字时代生产关系的改变，让人人都能分享数字时代的红利，感受到区块链技术的魅力。希望在未来，每一位"上车"的同仁都能够感到欣慰，因为我们一起开创了一个美好而令人激动的时代。

第23章　区块链发展的三个阶段

对未来3~5年区块链的落地应用场景探索发现。大致可以分为三个阶段：
- 信息"区块链化"；
- 价值"区块链化"；
- 场景"区块链化"。

23.1　信息"区块链化"，解决信息割裂问题

区块链技术能维护验证一个公共的交易账本。一般而言，每个技术的应用，一般会从最能改善绩效、提高效率的节点开始。平时大家也有自己的支付宝、银行卡的交易账本。一般情况下，支付宝之间的转账、同行转账基本能即时到账，只需要支付宝公司、某家银行验证记录即可；而跨行转账、甚至跨境转账支付，需要很长一段时间来确认交易，主要原因是各个银行、出入境登记机关，需要反复验证和核对，耗费大量人力、物力。而据IBM全球企业咨询服务部、大中华区银行业总经理范斌介绍，现在很多银行业务已经筹备或实现交易数据的"区块链化"，很大程度上提高了跨境跨行汇款效率、去掉冗余工作等问题，一般以联盟链的形式存在。本质上而言，区块链化的公共账本，能够让各个国家、各个银行体系的数据互通互联，实时同步更新，对每个用户而言，能简化开户流程，便捷服务，对各个银行而言，对各个用户的信用数据能有全面了解，降低业务风险，提供精准信贷服务等。

除了银行体系里的票据、支付等环节能够运用区块链技术很好地改善。在其他实际生活中的场景，由于信息割裂而导致的各种各样的社会问题，都可以通过信息"区块链化"来解决。

网络媒体上经常报道，如何证明你是你？如何证明你还活着？如何证明出

生地、户口？如何证明你的 xx 信息真实等，若从国家或政府的角度，建立起一个覆盖全国人民的身份认证系统，能极大地方便人们的生活。

例如医疗行业，各大医院实时同步每位用户从出生到当下的每次医疗就诊信息，包括疫苗打针、感冒发烧、肚子痛、受伤出血、炎症、遗传病等，建立起全网的公共健康管理系统。一方面方便用户的健康信息收集整理，另一方面给医生提供一个全方位的患者健康视图，实现精准医疗，同时也能为医疗领域的研究提供海量完整、有效的数据集。通过零知识证明等方法，也能保证用户的健康信息。

在不久的将来，若政府或公共机构搭建起一个全网"区块链化"的身份认证系统，每个人的健康信息链、金融信用链、教育经历链、职业发展链等，以侧链的形式对接到主链的"身份认证链"上，彻底实现信息的"区块链化"，解决信息割裂问题，极大地方便人们的生活服务，提高幸福指数。当然，信息"区块链化"并不意味着信息的完全公开透明，通过对称加密和非对称加密来实现信息的认证，通过零知识证明来保障用户信息的隐私等。

本阶段的主要创业机会在于天然具有"数字化"特征的行业，例如在金融领域可能集中在支付、房地产金融、资产证券化、资产管理、票据金融等领域，更好地进行风险控制，降低交易过程中发生的成本。数字身份可能结合生物识别等技术将个体映射至链上，进行身份验证、无密码登录并与以太坊上的应用进行交互等。医疗行业有望进行各医疗机构之间信息的共享，未来还可与可穿戴设备、大数据分析技术结合进行个人健康管理。

23.2　价值"区块链化"，实现交易"去中介化"

价值"区块链化"主要是源于区块链的分布式结构而衍生出的"去中介化"。第一阶段主要实现一些基本信息的上链，以联盟链的形态为主。在第二阶段，开始出现一些点对点的交易，基于对机器（随机算法）的信任，实现交易的"去中介化"。

比较容易理解的是，在传统意义上，任何一个交易的达成，都需要第三方（媒介）的参与，才能保证高频且稳定的机制。"互通有无、等价交换"形成了最原始的经济模型，随着贸易的日益频繁，逐步出现一般等价物——货币。货币的发源从天然的贝壳、铜币、银锭、黄金等稀有性实物到宋代"交子"

第 23 章
区块链发展的三个阶段

"钱引"等纸质印刷品。不可避免的是，作为货币的发行方，从博弈的角度，若发行货币的成本低于货币本身的面值，发行方是有强烈的动机去大量超发；若发行货币的成本高于货币面值，则发行方不会发行，转而发行面值更高的货币。这也就是为什么现实生活中不存在面值特别低的货币（0.0000001 元）的原因。

同样，我们的课题组曾面对一个这样的问题。有个第三方营利性绿色果蔬认证公司，主要是对市面上的新鲜果蔬评级，业绩一直做不好，整个评级体系大众的认可度也不高。后来通过分析发现，不是他们业务能力不行、评级不专业等其他原因，而是博弈本身的原因导致营利性评级机构一般很难存在。举个例子，他们对某家果蔬农场进行绿色评级，是需要收取一定费用的，而该农场交付一笔支出后，同样质量的果蔬，售价需要高出一个档次，或者对果蔬产品偷工减料，久而久之，农场很难继续花钱去找营利性机构评级，而导致营利性机构业绩不佳，市场不认可。

还原到交易过程本身，若只是甲和乙的交易关系，只要引入第三方丙，丙的出现一定是付出成本，可能是时间，或者是人力物力，那么丙一定会以超发货币、双边手续费、保证金等形式来拿回收益，并且丙在交易过程中处于比较高的地位，甲和乙作为交换的主体，会受丙的影响。这样需要第三方来保障交易的流程，在一定程度上会伤害甲和乙的交易过程，导致价值转移的低效、高成本、难一致等问题。

而目前比特币、以太坊等相对成功的区块链应用，通过分布式的结构实现交易的自动执行、不可篡改等良好的机制，无须任何第三方中介机构的参与，极大地还原交易的本质。基于以太坊的智能合约，甚至能承载更多的数字内容，实现价值与资产的自由流通。

可以预见的价值"区块链化"的应用场景有很多，一般需要具备以下几个特征：

- 双方交换的产品或服务可数字化；
- 服务\产品标准化，评估体系清晰可查；
- 由个体提供服务，个体消费服务；
- 随着个体的逐步加入，网络价值越大。

举一个简单的例子，共享出行行业，服务的提供方主要是司机（车主），服务的消费方是乘客，司机将乘客从 A 点送到 B 点，乘客给司机一定的报酬，整个交易结束。司机将 A 点送到 B 点，可以通过 GPS 地理导航来计算行驶路程，时间戳来记录行驶时间，按照一个全网公示的计算方式自动生成路费，然后司机把乘客送到目的地后，确认，乘客账户自动将钱转到司机账户。随着乘客和司机加入区块链化的网络越多,司机越容易接到更多合适的订单,乘客也更容易搭到车。

本阶段的主要创业机会在于"去中介化"的应用场景,比如区块链化的滴滴、美团、淘宝等。由于这些中心化的公司并不存在太大的技术壁垒,例如滴滴和美团的订单分配算法并不复杂且容易复制重现,需要克服的问题在于用户的获取,以及解决链上交易吞吐量的问题,问题的解决有赖于大众区块链知识的教育以及技术的发展,还有其他具有类似特征的产业,例如 P2P 保险行业、信贷行业、博彩、预测、游戏等,满足上述四个特征的应用场景,都可以通过价值"区块链化",实现交易的"去中介化",解决交易信任的问题。

23.3 场景"区块链化",降低整个体系的熵

基于第一个阶段,将一些基本信息的"区块链化"后,形成一套完整的身份认证体系,作为区块链世界的基础设施。在此基础上,第二阶段的价值"区块链化"可以与身份认证系统链接,同时开发一些零知识证明等方法来保障用户的隐私需求。第三个阶段定义为场景"区块链化",主要是包含各种各样的应用场景,通过信息上链,价值交换来形成的良性循环,持续不断地发展到第三个阶段。

在现实的复杂应用场景中,经常会出现信息不对称的情况,例如二手车质量到底多好或多坏、设计作品的优或劣、供应商生产成本的高或低。在这样的情形下,容易导致低质量、低效率的产品一直出现在市场中,而高质量的产品由于用户不能很好地识别而逐渐退出市场,从而呈现出"劣币驱逐良币"的经济学现象——柠檬市场。而区块链有望通过分布式的存储验证记录,将不对称的信息对称化,将柠檬市场引导到正循环系统中来,激励创造优质的产品和服务。

从生产运作管理的角度来讲,将不对称的信息对称化,意味着信息的完备性,能够极大地增加整个市场的绩效,降低生产运作管理成本,从而达到降低整个系统熵的目的。

举一个简单的例子,有很多软文讲到共享经济,讲到 Airbnb,讲到去中心化的众包服务平台。然而在实际场景的操作过程中,民宿住宿环境的满意程度、是否出现破损、logo 设计的好或坏,很难有一个标准化的评价体系,或者

说需要更多的图片、文字、评判等信息的上链来确认交易的完成情况。在这样一个复杂的线下场景中，仅有区块链技术还不够，还需要衍生出更多的标准化、数字化的方法和手段，同时保证全网的共识和激励效果，还有很长的一段路要探索。

本阶段的创业机会在于解决现实社会资产的上链以及链上输出信息的准确执行方面。有望对现实世界进行标准化、数字化的准确映射，例如房地产价格、房屋租赁服务的评定、供应链溯源中商品的生产过程、信息过程的准确反映、内容版权相关领域的链上映射，以及对链上信息进行信任评级等。而对于链上信息的准确输出，可能需要结合物联网、人工智能、机器人等自动化的技术来实现。

23.4 小　　结

目前来看，从链的承载能力和信息的特征角度分析，上链、大量节点分布式验证记录的信息一般需要具备以下几个特征：

- 信息价值较高，例如比特币的转账；
- 每条信息之间相互独立，互不干扰；

第一条是保证更多节点参与验证的经济动力，如果海量价值较低的数据，放在集中式的服务器里也未尝不可；第二条是对信息有一定程度的筛选，打包区块+链式串联在相互独立的信息流里有很好的作用。若在信息相互依赖的情境下，区块+链式结构不一定起到很好的作用。

未来的发展，可能会出现信息的信任等级，依照分布式存储和验证的随机性节点多或少来进行定量化评估。可以预见，在未来更多的应用场景中，只有少数待确权、交易记录等信息会需要大量甚至全网的节点去验证，各种应用场景下 app 的文章、图片、视频、音乐等只是链上字符串映射到现实生活的投影。

第 24 章　区块链重塑共享单车行业

作为中国新四大发明之一的共享单车，一度成为中国乃至全世界热议的话题。然而经过一波共享经济"热"后，产业界开始意识到共享单车行业的发展前景似乎并没有想象中的美好，资金黑洞、因补贴而抢占的用户忠诚度极低。本章将围绕区块链技术如何重新塑造共享单车行业的生产关系，从商业价值本质上认识共享单车存在的问题及其解决思路。

24.1　失效的调度：供需不匹配与损失厌恶

造成共享单车市场不景气的本质原因是失效的调度。首先，共享单车公司解决供应和需求匹配的方法并不合理。目前，共享单车市场存在明显的信息不对称与价值的不对称。例如地铁、公交站等人流量较大的地方，很多用户找不到车，扫不了码，只能默默走回家，人流量较少的地方，单车每天的骑行次数极少，只能慢慢生锈被遗弃。为了解决供应和需求的关系，共享单车公司妄图以大数据、用户画像等形式来实现供需匹配，自上而下调度，却没想到违背了市场经济的本质——"看不见的手"。复杂的系统，自洽的逻辑，有时候往往不需要精准的公式来进行对应，更不需要所谓的伪大数据。这是因为影响用户骑行的因素如此之多，除了出行的需求，即时的心情、天气、习惯、穿着都影响用户的骑行行为。

其次，共享单车以一种完全不懂行为经济学的角度设计了整个市场。早期以免费逻辑供大家骑行，用户丝毫没有与单车构成链接关系，这样的结果导致用户不可能爱惜单车，迅速被"劣币驱逐良币"，从而出现大量损坏的、没法骑

第 24 章
区块链重塑共享单车行业

行的单车，使得用户的体验感极差，慢慢放弃单车行为。而后续的按月收费和按年收费更给用户一种极其不好的体验，即因损失厌恶带来额外的负效用⊖。每当用户开始支付时，都是一种极其明显的负面感受，支出一元钱带来的负面感受往往高于得到一元钱带来的正面感受，而以按月收费、按年收费制，更是让用户体会到，不仅这一次的负面感受，而且未来还有很多次、不确定支出多少负面感受，极大地影响了用户的体验感。对于单车市场这种非刚需的产品服务，极其容易被用户的负面感而抛弃。

24.2 商业逻辑：购车与租车的平衡与共赢

如何在共享单车市场，设计合理的区块链商业逻辑呢？

（1）**用户一次性购买单车所有权**，个性编号，个性设计，永久产权（永久产权，让用户只付一次成本，获得真实的产权，不用再为以后的骑行买单）。

（2）用户购买单车以后，选择是否加入共享单车网络？选择是，那么该单车信息可以被其他用户获取，其他用户每骑行一次，需支付一定的骑骑币（QQToken）。若选择否，相当于用户购买了一辆智能锁车，也不亏。这里可以给用户算一笔账，如果自己骑车的次数小于车被骑的次数，那用户完全可以投入到市场中，可以从中获益。如果自己骑车的频率很高，可以选择不加入整个网络，自己骑。

（3）当单车出现损坏时，以 **QQToken** 的形式支付给单车公司或外包的维修公司，实现价值互联互通化。

（4）QQToken 的流通，在第三方交易所进行购买和出售。

早期让用户形成习惯时，给每个区块链网络的参与者一定的 Token 奖励。类似挖矿的形式，骑行挖矿或购买矿场（单车）挖矿，数额的多少由系统提前设置成动态调整（类似挖矿难度），当重复骑行率较低时，加大骑行的奖励，当单车不够骑行时，加大单车所有者的奖励。若用户积累到一定的程度，到达稳定期时，QQToken 被开采到一定数额，享受单车服务需给单车所有者支付一定量的 QQToken。

⊖ 由 2017 年诺贝尔经济学奖研究的行为经济学理论有过充分的讨论和研究。

区块链浪潮：
连接技术与应用

  这样一种体系的构架，将互联网思维"羊毛出在牛身上，猫来买单"，回归价值本身，羊毛出在羊身上。至于如何解决高并发等问题，笔者以为将单车的永久确权上链即可，后续的频繁交易可以先放在中心化平台记录，该平台公司可以单独作为一个数据公司存在，给投资单车的用户输出数据分析的服务。后期以 **DPoS、DBFT** 协议或闪电网络、**DAG** 等来解决。

  可以想象，在这样一个共享单车的市场下，早期会出现一批投资者，购买很多单车，用于给大众提供智能出行的服务和工具，而普通用户也能通过骑行来获得 QQToken 奖励。自然而然，在人流量较多的地方，单车不够用时，投资价值明显，会有投资者来布局车辆，在人流量较少的地方，重复骑行率低，本身不适合共享出行这一逻辑，布局较少，避免浪费。以市场"看不见的手"来自由调配单车的调度、维修、管理市场，而体系的设计者只需要提前多做一些仿真模拟，调节自适应参数即可。

  同时，对于单车出行服务，每个人的需求频率不一样，最终演化成低频的用户以租车的形式来骑行，较高频的用户会自购单车，空闲时出租单车来赚取 QQToken。

第 25 章　区块链破局租房市场迷阵

25.1　租房市场发展现状

对于北漂一族来说，房租上涨，是 2018 年最牵扯人心的话题之一。根据我爱我家研究院的数据：2018 年 7 月份北京的住房租赁月租金均价为 4902 元/套，环比 6 月份上涨 2.9%，涨幅较 6 月份收窄了 1.3 个百分点。其中，普租的租金均价环比上涨 6.2%，公寓的租金均价环比上涨 1.4%。

造成房租大涨最主要的原因包括两个方面。一是今年北京整体市场供给较少，大兴火灾事件的发生，北京市集中清理与拆除违规公寓、群租房以及隔断房等不符合消防安全的租赁住房，使市场上低端租赁房源减少，从而导致房价上涨。二是**长租公寓为了抢房而直接哄抬价格，导致业主的心理预期不断提升，报价越来越高**。近年来长租公寓变成了资本追捧的风口市场，各类长租公寓品牌在资本的助推下，开始跑马圈地，竞争越来越白热化。例如一些长租公寓运营商为了扩大规模，以市场正常价格的 20%到 40%在争抢房源，人为抬高收房价格。为了成为风口的独角兽，目前最主流的做法就是烧钱，用资本的力量把竞争对手全部"烧死"，最终成为该领域的垄断企业，获得最终的定价权。

供给不足和中介机构哄抬价格使得房租居高不下，"买不起、租不起"已然成为一线城市年轻人的一种内心写照。尽管相关政府部门迅速采取了措施对北京的高租价现象进行管制。例如 8 月份北京市住建委、北京市房地产中介协会分别集中约谈了多家住房租赁企业负责人，明确要求不得哄抬租金抢占房源，否则从严处罚。此前北京市住建委发布的《关于发展租赁型职工集体宿舍的意见（试行）》、北京市发布的《关于进一步加强利用集体土地建设租赁住房工作的有关意见》，均在保障合理的租赁住房空间。然而**政策的落地总有一段时间**

差，政策落地效果仍有待观察。

除政府出台的强制措施以外，在科技飞速发展的今天，是否有其他手段保障消费者的权益，还人们一个更健康、合理的房屋租赁市场？房屋中介与居住者之间本质上是一种博弈关系，是否有可能在博弈中破局，寻找一种更积极的市场状态呢？

如图25-1所示，典型的租房市场关系中，业主和租客之间需要通过中介来进行牵线搭桥，也因此中介的恶性竞价抬高租价，甚至是黑中介事件得以发生。本质上是租客与房主间匹配难度大、信任成本高。此时，租客与房主都会求助于专业化的第三方机构，降低自身风险和成本投入。当房源比较集中的时候，中介机构就有了一定的话语权，进而侵害消费者权益的事件就出现了。例如，发布虚假信息，网上的房屋情况和实际不相符，欺骗租客前去看房子；或者以各种名义让用户签一些不平等的合同，骗取租客钱财；甚至有些中介还会通过克扣押金的方式强行让用户搬离。

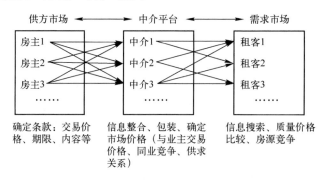

图 25-1 租房市场网络结构示意图

区块链破局的关键在于两点：第一、通过区块链可以除去中介角色，建立可信的交易环境；第二、在有中介存在的情况下，通过资产通证化的方式可以以投资对冲风险。

25.2 破局一——降低信任成本

区块链的意义在于构建一个可信的价值网络，从根本上解决在价值交换过程中可能存在的欺骗行为。基于可信的区块链网络，可以大幅度提高租房市场

第25章
区块链破局租房市场迷阵

的租赁效率，简化相应的流程，去掉中介角色，降低一些不必要的交易成本以及信任成本。

首先，可以从房屋基本情况入手，从源头建立信任基础。 非专业人士在短时间内难以对房屋有深入了解，在看房过程中，也就只能看个表层，比如房屋漏水等内部问题就很难被发现，如果租户提前了解这些情况，就可以做出一些合理的选择。相关机构可以通过区块链将房屋的基本情况，比如地理位置、面积、建造年代、空间结构、装修材料情况等信息进行上链，并且还可以将房屋出租过程中的相关信息，比如过往的出租情况等信息进行上链。这样可以有效减少租客在租房子时遇到虚假房源的情况，降低纠纷和交易成本。这是一个降低信息壁垒、保护租客的过程。

其次，建立房主和租客交易双方的信任关系。 冒充房主骗取租客钱财的事件在现实中屡见不鲜，而区块链技术可以避免这一情形发生。区块链可通过身份认证信息系统校验各方的真实身份，并且一经认证，信息不可篡改。若发现身份造假事件，信息将同步到全网，未来将不会有人跟此人进行任何交易。区块链技术记录信息的不可更改性，使得造假面临巨大的风险和成本。

然后，区块链可以去除中介的垄断地位。 对于房主而言，中介为了提高自己的利益，会在房主不知情的情况下把房子进行改造，变成更多房间。对于租客而言，中介有着很强的话语权，从而会抬高租金，让租客背负更大的租房压力。区块链构建的是一个分布式的平台，因此无须房产中介这样的第三方机构的存在，房主和租客可以直接进行交易。每个用户都是链上的节点，租客可以查看房屋的所有信息，包括基本情况、内部照片、出租价格、出租记录以及别的租客对该房屋的点评记录，并且可以查看房主的基本信息，主要是看其在过去是否存在相关的违规行为，比如恶意涨租、克扣押金等，从而选到合适的房源。房主在收到租客的邀请信息后，可以直接在链上查看租客的信息，比如是否有拖欠房租、破坏房子等行为，从而确定是否愿意把房屋出租给他。

最后，区块链的智能合约技术可以提高交易效率。 传统的房屋租赁流程烦琐，包括中介带着租客看房，满意后签订合同，并且互相出示相关的证件及说明。这种行为大多数是为了降低双方的风险。区块链时代，双方基于链上的信任，直接可在链上进行交易，相关的合同协议均可以通过智能合约完成，从最开始的合同签约以及租金的缴纳、后期的续约等，都可以基于智能合约自动完成，双方无须进行反复沟通。

实际上，区块链+租房的事情早已被各界关注，并且已经有了很多落地的项目。2018年年初的时候，雄安新区就上线了国内首个区块链租房应用平台，在平台上，有房源信息、房东房客的身份信息，以及房屋租赁合同的相关信息，信息经过多方验收后上传上链,并且不可篡改,希望可以解决租房市场的信任问题,**打造一个"真人、真房、真住"的房屋租赁市场**。

25.3 破局二——资产通证化

近年来,区块链技术的出现和发展给资产的经营管理带来了全新的解决思路。区块链技术可以使整个资产流通过程记录在一个永远无法被篡改的可信任的区块链账本中。通过非对称加密等技术手段,可以降低个人信息泄露的风险。"区块链+资产"(即资产上链)的经营模式打破传统的基于信任关系交易的困境,去除第三方机构的介入,加速资产确权和流通效率。从本质上来讲,资产上链的内容是指对应资产的相关权益,包括所有权、使用权以及收益权。在讨论资产上链时,如果上链的内容是资产的所有权,区块链上记录的是所有权的转让;如果上链的内容是资产的使用权,区块链上记录的是资产的租赁信息;如果上链的内容是收益权,区块链上记录的是资产预期收益的归属权。

哈希研究院的《资产上链指标体系设计》指出,判断一个资产是否适合上链、是否需要上链,关键在于区块链技术能否解决当前资产经营管理中的"痛点",同时也兼顾区块链能否加速资产的价值实现和流通,以及快速实现上链的难度,即资产价值、资产流通、可操作性、去信任的需求。

文中表明土地的使用权和收益权,房屋及建筑物的使用权和收益权是最适合优先上链的资产;二手交易、租赁市场是资产上链可能的增长点。原因包括两个方面:一是这两类资产的使用权对去信任的需求;其次,这两个市场的增长潜力巨大。

当资产上传至区块链后,其通证化是自然而然的事情。那么资产的通证化如何破解租房市场的难题呢?

首先需要考虑人们为什么要租房。大部分人是因为没有房、买不起房,所以不得不租房。在一线城市,对于绝大多数刚刚毕业的大学生而言,买房是不现实的。房产的投资价值在过去的十几年内一直处于高投资回报的资产,很多的有钱人会把部分资产配置在房产方向。然而在现有体系下,个人投资房产的门槛较高,一方面是没有足够的资金来投资;其次,房地产的单价较高,并且无法去拆分。

区块链的出现,使得投资房产的门槛变得更低,更多的人可以来投资。首

第 25 章
区块链破局租房市场迷阵

先,将房产的未来收益权进行上链,分成若干份通证,大家可以在链上进行购买和交易通证,每一份通证对应的是其未来收益分红的占比份额。这样的话,一方面为普通的北漂一族多了一些可行的**投资渠道,增加一笔收入**。另一方面也可以**作为一种"对冲基金"的形式存在**,租户可以去投资租的房子或者租赁市场相关房子的收益权,这样租金上涨,租户通证所对应的收益也会增加,从而可以对冲房租上涨带来的生活成本,以此来减轻生活负担。

根据安居客的网络公开数据,以五道口华清嘉园一套面积为 45 平方米的一室一厅房产为例,2018 年 8 月,二手房均价为 12 万元/平方米左右,整租为 7500 元/月(2017 年 8 月~2018 年 8 月)。我们以两年为计算标准,2016 年 8 月房价为 10 万元/平方米,租金为 5500 元/月(2016 年 8 月~2017 年 8 月),在当时购买了该房子收益权的 10%。

成本:

(1)购买收益权:$10×45×10\%=45$ 万元

(2)房租:$5500×12+7500×12=15.6$ 万元

(3)由于房租上涨造成的租金成本:$2000×12=2.4$ 万元

收入:

(1)房价上涨收入:$(12-10)×45×10\%=9$ 万元

(2)房租收入:$15.6×10\%=1.56$ 万元

利润:

(1)如果只考虑房租的影响,通过该投资,**成功减少 1.56 万元的支出**,占**房租溢价的 65%**,对冲了相当一部分溢价带来的资金压力。

(2)如果考虑房价的影响,通过该投资,**成功增加 8.16 万元的收入**。

由此可以看出,如果投资了该房产 10%,毕业两年后,不但没有受到房租上涨带来的困扰,反而给自己带来了 8.16 万元的收入。

可见,利用区块链技术将租房各参与方的部分信息进行上链是可行的,但具体如何去对租客以及房主的行为进行评价打分等问题,由于租房市场自身属性等原因,仍需期待更优的解决方案。无论如何,随着区块链技术的不断发展,未来会给整个租房行业带来更高的效率以及更低的成本,让房主以及租户都有利可图。目前房屋进行资产上链以及通证化的进程,还需政府有关部门的支持和认可。国内房产的 ABS 融资、REITs(房地产信托投资基金)等还处于探索阶段,但是国外的 REITs 已经相对比较成熟,整个市场的监管以及操作都已比较规范。未来国内房产的证券化也会大面积推广,届时利用区块链技术进行相关的操作,相信会使房地产、房屋租赁市场更规范、更健康、更合理,最终解决"租房难""租房贵"的问题。

第26章 区块链构建全新打车场景

26.1 打车行业发展现状

"互联网+打车",通过提供一个信息化的管理通信平台,使得用户与出租车建立一个更精准的连接,实现用户和车主双赢:方便用户出行,减少车主空驶率。由于其优势,"互联网+打车"模式不仅变革传统的出租车经营方式,还为广大的私家车群体进入打车体系中提供渠道,诞生了如顺风车、快车、专车等打车模式,也造就了滴滴、快的等互联网企业。

为抢占用户市场,以打车为经营内容的互联网企业会选择两类策略:一是扩大车辆供给基数,让更多的出租车、私家车加入。二是通过补贴等手段刺激用户使用其产品,以达到扩大用户占有率的目的。这也是滴滴打败竞争对手成为打车行业龙头的两种重要手段,但同时为滴滴的发展埋下巨大隐患。

首先,滴滴一直存在安全隐患,但整改措施收效甚微,最终酿成一件件惨案。虽然滴滴开始进行整改,如下线顺风车业务,但是真正的整改措施是否能落地、措施是否能避免类似事件再次发生,依然存疑。

其次,作为从"补贴大战"中走出来的打车企业,滴滴正通过涨价回收"补贴投入"。2014年1月,滴滴拉开了补贴大战的序幕。这场补贴大战让全国人民记住滴滴、快的两家企业,也使消费者享受到了资本带来的福利。那段时间打车,快的补贴8元,滴滴就补贴10元;快的进而补贴11元;双方不断提高自己的补贴额度。对消费者而言,这是一场欢乐的降价活动;然而对两家企业而言,这却是你死我活的战争:谁都不愿意后退一步,因为一旦落败,过去所有的资本投入都将变成零。最终在2015年2月14日,种种原因之下,滴滴和快的宣布合并。随后,2016年8月1日,滴滴和优步中国合并,这也就意

第 26 章
区块链构建全新打车场景

着在打车领域持续了多年的战争暂时告一段落，滴滴最终过五关斩六将，成为霸主。此时，滴滴拥有了定价权，**曾经企业不计成本肆意补贴的行为，最终要由后期消费者的高额支出来偿还。**

应对"毒"角兽之恶，人们有何良策？近几年大家热议的区块链技术，恰好可以形成一种新的商业形态。应用区块链技术可以带来以下好处：

第一、区块链可以把对人的信任，转化为对机器的信任；

第二、区块链可以重塑用户与平台的关系，改变原有的生产关系理念。

26.2 对策一——安全性问题

大家使用滴滴打车，一方面是提高效率，节约时间；另一方面是人们对这个打车平台有着基本的信任，能够把自身安全寄托在平台上。然而乐清事件之后，大家对滴滴的可信性打了大大的问号。

而区块链技术的发展给交易双方解决信任问题，提出了全新的解决思路。区块链技术可使交易过程被记录在一个无法被篡改的系统之中。**司机可以将身份信息、车辆所处位置、价格以及乘客评价等信息上传到区块链上，乘客根据司机信息进行筛选，找到与自己需求匹配的、更为可靠的司机。**全网所有的节点都可以对整个系统中的信息进行校验、认证，一起维护整个信任的环境。

这时候，人们对平台的信任，本是基于平台之前的商业历史；而通过区块链技术，人们对新型打车系统的信任，是基于整个系统无法篡改、共同维护的特性，这就相当于把对巨头的信任，转变为对机器的信任。用户与系统的关系由此改变。

由于区块链中的每一笔交易都完全透明且无法更改，用户可以随时追溯任何交易信息。如果通过区块链技术建立一个奖惩系统，使司机和乘客互相打分，并且有相关的申诉功能，同时通过社区投票来确定该行为是否合理，来杜绝恶意评价行为。这在滴滴的评价系统上更进一步。

乐清事件发生前，该司机已经出现过对乘客不利的恶意行为，并且乘客已经将该行为投诉到了滴滴平台。然而滴滴由于上文提及的种种原因，反应很慢，并没有及时将信息公布出来。而在区块链网络中，如果该乘客将所述信息上传至区块链上，那么该乘客在打车时，将及时发现司机的过往记录，也就不会选择乘坐该司机的车辆，进而避免了悲剧的发生。

通过将上文所说的一系列信息进行上链，经过验证并被永久存储，来建立一个无法篡改的可查询信息系统，这本质上是降低了信息的壁垒、增加了犯罪的成本。再加上政府监管力量的加入，相信在将来，恶性犯罪事件会越来越少。

26.3　对策二——补贴大战

打车作为典型的双边市场，同时又具有物理空间的约束，每多一个乘客和每多一位司机加入到网络中，都会带来整体效率的提升（接单更快了、空驶情况更少了）。因此，理想状态下一个垄断化的平台，是实现社会整体效率最大化的最佳选择。这就是打车领域发生补贴大战的逻辑前提。**为了得到未来长期的垄断利益，前期各大平台会通过各种方法去剔除竞争对手，"补贴烧钱"就是一种做法。**方法带来不少弊端，但各资本方依然乐此不疲，因为一旦在补贴大战中胜出，占据垄断市场，资本方将获得丰厚的利润。

从用户的角度来看，**虽然在补贴大战的时候享受了一波资本带来的福利，但是战争过后却需要消费者来收拾残局，比如滴滴的加价等行为。**补贴大战一方面对市场秩序和规则造成破坏，一方面也给用户带了后期的价格压力。归根到底，补贴大战是提前消耗后期利润的短视行为。

那企业是否有可能在吸引消费者的同时，获得良性发展，与消费者形成共赢的局面呢？区块链技术提供了一种思路。

区块链可以重塑用户和平台之间的关系，让用户从**消费者的角色转变为平台的投资者和消费者共存的角色。**通过发放 Token，消费者的利益跟平台的发展直接绑定，让消费者更有动力去帮平台推广，消费者在口碑传播的同时，更是在给自己获利做铺垫。从具体操作层面来说，乘客和司机在接入平台服务时，可以获得 Token，而且加入越早的乘客和司机获得的 Token 越多，Token 的持有者将享受到未来平台规模化带来的红利。后期加入的用户也可以通过拉新用户等方式获取更多的 Token。在整个过程中，**Token 的总量和发行机制以及相关的奖惩措施均由区块链保证公开透明，即便是之后成长为垄断平台的巨头也无法篡改。**

从根本意义上来说，**区块链构建了一个可信的价值网络，从而解决在价值交换过程中可能存在的问题。**基于可信的区块链网络，可以大幅度提高应用市

第 26 章
区块链构建全新打车场景

场的效率,并且实现价值的合理分配。相较于其他领域在区块链上的应用,打车服务非常符合 P2P、标准化、网络增益效应等"链化"特点,易于实现数字化、链上交易。若司机把乘客从 A 点送到 B 点,通过 GPS 自动计算打车路程与时间,通过链上公开透明的计费系统,乘客通过链上账户智能合约实现自动转账,将打车服务的价值百分之百还原给每个参与的普通大众,实现真正意义上的"价值互联网"。打车等行业,天然地适用于应用区块链技术。

展望将来,**区块链使得整个生产关系发生变革,加速企业的成长和创新**。在推广和竞争初期,团队不再需要花费巨额融资在市场推广和补贴中,而是可以将资金和人才用到技术研发和产品打造上,用户在选择平台时眼光也更加长远,选择长期合作的伙伴。区块链真正重塑了用户与平台的关系,实现合作共赢。

而在目前,我们同时需承认 Token 机制的应用可能仍存在一些现实问题。一方面如果涉及 Token 与发币之间的兑换,法律层面上目前仍不可行;另一方面,Token 对于大部分司机、乘客来说,仍是陌生事物,市场的教育、推广需耗费一定成本。打车场景与区块链技术的结合,仍有待从实践中解决问题。

总体而言,区块链技术在打车行业必将获得落地应用。而随着区块链技术越来越成熟,监管体系越来越完善,无论是为保障用户安全,还是为"补贴大战"提供另一种思路,区块链都将带来较为完善的解决方案。随着技术不断进步、发展,相信市场上的"毒"角兽会越来越少,真正的独角兽企业会越来越多!

第 27 章 资产上链：价值交换新时代

资产上链是当前区块链技术落地的重要内容，其带来的优势是显然和肯定的，但是怎样根据资产的特有属性去实现相应的解决方案，是之后需要着重考虑的。本文从资产上链的本质、上链资产的选择及其标准、资产上链的难易、未来发展趋势出发，来深入剖析资产上链。

27.1 资产现状

27.1.1 资产的基本概念

从《企业会计准则-基本准则》的定义上来说，资产就是"企业过去的交易或者事项形成的，由企业拥有或者控制的，预期会给企业带来经济利益的资源。" 资产是企业拥有的或控制的能以货币计量的经济资源，包括各种财产、债权和其他权利[一]。从个人角度来看，公民通过劳动或其他合法手段取得的财产即是个人资产，包括公民的合法收入、储蓄、生活用品、文物、图书资料、林木、牲畜和法律允许公民所有的生产资料及其他合法财产[二]。

随着社会的发展，资产的种类越来越丰富。古时候，资产种类较少，主要是实体类的资产，土地、房屋以及个人收藏品等。随着互联网时代的来临，资产的种类不仅仅局限于实体，越来越多的虚拟化或者数字化的资产进入到人们的关注中，比如数据、算法等。这两年区块链的快速发展，也造就了一批新的

[一] 来源：中华人民共和国财政部令第 76 号 http://tfs.mof.gov.cn/zhengwuxinxi/caizhengbuling/201407/t20140729_1119494.html

[二] 来源：华律网法律解释 http://www.66law.cn/laws/187950.aspx

第 27 章
资产上链：价值交换新时代

资产，即区块链类的资产，比如以太猫、哈希世界土地等。

传统的资产是一种实体型的资产，以实物为主体。社会组织结构的变化以及社会协助方式的改变，一方面资产类型在发生巨大的变化；另一方面，人们对资产的定义也有着新的理解，**传统的实体资产可以是数字化方式存在**，比如公司的股票、债权等，这些资产以实体为支撑，进行数字化；互联网的发展，加速了资产数字化的进程，与此同时也带来了越来越多的纯数字化资产，比如微博大 V 号、游戏里的装备等。

不同的资产有着自己独特的作用，根据资产的不同特点，可以对其进行不同的分类。发展到目前来看，根据资产的主要特征或者功能来看，可以将目前主流的资产进行一定的分类：

1．原生区块链类

它主要是基于区块链而产生的资产。这一类资产最主要的代表是数字货币，2017 年下半年，比特币的价格持续涨高，让数字货币的关注度在全球范围内快速扩散，并且各类公司相继推出属于自己的数字货币，个人以及机构投资者也迅速入场。除此之外，还有以太猫、哈希世界土地、网易星球等区块链化且有一定特定含义的资产。这一类资产直接产生于区块链，并且在区块链上进行交易。

2．新型数据类

它主要是基于互联网产生的资产。这一类资产的细分有很多，比如算法类的，如人工智能核心算法、自动驾驶解决方案；比如公司数据类的，如运营数据；或者是个人数据类的，如个体购物记录等。这些资产的一个共同特点就是没有实体存在，都是数字化的产物，并且由于大部分数据产生于用户和平台之间，其权益的确定无法得到很好的保证。

3．权益类

这一类资产是实物演化至今的产物。比如房子，本身是居住的作用，人类通过自己的建造，变成这样一个居住的场所，随着社会的发展，慢慢有了"房契"，也就是现在的房产证这样的权益证明，实物有了权属的证明。这类资产一般都会有一个对应的实物，属于实物的权益证明，可以作为交易流通的凭证。这一类资产覆盖的范围非常广，生活中几乎所有的实物都可以覆盖，比如房子的房产证、公司的股权或者股票等，如果想要进行定义，所有的物品都可以授予一个权益类的资产证明。

4．实物类

实物类的资产是一切发展的基础，就是生活中的种种物品，包括房子、汽车、收藏的名人字画，甚至也可以是手机、计算机或者衣服、鞋子等。这类资产的最大特点就是实体存在,可以看得见,摸得着。随着互联网的发展,这类资产目前跟权益类资产有很大的交叉,很多权益类资产都是基于实物资产而产生的。

上述分类是基于资产本身的特点和存在形式来划分的,虽然不同类的资产有一定的交叉,但是各类资产的主要功能和性质确实是有所不同的。

27.1.2 资产存在的问题

无论哪一类资产,都具备以下三个特点。首先最重要的是**资产本身存在的价值定义**,这个不好去定义,不同的个体或者组织对资产本身的价值定义是不一样的。其次,**资产最重要的是确权**,即保证该资产的所有权是你的。自古以来,资产确权是社会组织中最重要的问题之一。从20世纪的农村土地画线开始,确定各户土地的面积以及位置,从此土地有了对应的使用权,该区域内的土地使用权归该户人家所有,可以去进行相关的种植,所得农产物归其个人所有。随着社会的发展,国家已经成立专门的政府组织去给用户的资产进行相关的确权。**最后,资产的另一个重要的属性是流通**,从使用的角度来看,资产做到确权这一步就足够了,只需要确定该资产属于本人所有。但是社会组织结构的变化,带来最多的是资产的流通。比如二手房交易市场,二手物品交易市场,个人或者组织的资产可以进行交易买卖,在社会网络中进行频繁流通。

这三方面是人类发展历史上一直会涉及的问题,虽然已经有很多地方得到了很大的改进,比如权利的确定有政府背书的单位进行认证,确保资产权利的合法有效性,也有像闲鱼这样的二手物品交易平台,阿里巴巴提供有效的信任背书,让用户在平台中可以进行友好交易。从三个要素来看,目前还普遍存在以下几个问题。

1. 资产价值定义不明确

社会的不断发展,每一种资产所带的属性已经不是一种。一般情况下,一种资产都有着多种属性,比如房屋,它的基本功能是居住,但是对于不同的人而言,房子的功能不仅仅是居住,而且还是一个投资的资产,所以对资产价值的定义存在很多的偏差。由于其属性的多样性,以及信息的不透明性,就会有人利用信息不对称的优势,去故意抬高或者降低资产的价值,这就导致了整个市场的资产价值定义不明确。

2. 资产权利确定模糊

从古至今,资产权利的纠纷一直存在,大到大家族的产权划分,小到农村土地的一棵树,每时每刻都在发生着这样的资产权益纠纷。这里最大的一个问题是,对资产权利的确定没有明确的法律法规,或者实施过程中,有一定的疏

第 27 章
资产上链：价值交换新时代

忽和遗漏，并且社会的快速发展，导致法律法规的制定无法满足现实场景的需求，比如目前讨论最多的平台用户个人数据的所有权问题，这些数据产生于用户和平台的交互中，由于缺乏明确的确权定义，包括用户的个人信息、创意创作等数据资产都被平台有意侵占，并且以此作为盈利的手段，个人数据权益无法得到根本的保护。

3. 资产确权过程烦琐

目前现有的实体资产或者数字资产的确权，一般都需要国家政府部门来提供专门的服务。由于政府部门的性质所致，其工作流程烦琐低效，并且落后的系统及设备进一步增加了整个过程的时间成本。烦琐低效的确权过程，导致了在资产登记以及流通的过程中出现一些风险，比如数据被盗取、数据伪造、违反条约等安全隐患。不合理的社会运转系统一方面浪费了大量的人力物力成本，另一方面也严重加大了资产确权的风险。

4. 资产流通效率低下

资产的流通主要分成两个方面，一方面是资产信息的传播，另一方面是资产权利的转移。信息传播方面，某种层面上随着互联网的发展已经越来越快，用户可以通过互联网查询到任何想知道的跟资产相关的信息，这个过程中可能存在着某些不透明性，这就导致资产信息在传播过程中存在信息量太少或者造假的现象，从而导致资产流通效率降低。资产权利转移主要还是跟政府办事效率直接相关。

区块链的发展，使得资产的价值定义合理、权利明确以及流通更高效有了全新的解决方案。区块链技术可以使得整个资产确权以及流通过程被记录在一个永远无法被篡改的可信任的区块链账本中，资产确权、流转的效率将得到大幅度提升，给资产价值流通以及社会生产关系带来全新的改变。

27.2 资产上链分析

资产上链解决的是将物理世界的实物资产（又名原子资产）以及产生于数字世界中的资产映射到区块链上的资产问题，这些资产包括汽车、房屋、石化用品、股票和金融证券、优惠券、数字收藏品、对某些资源的访问和订阅权、知识产权等。

27.2.1 资产上链的可行性简析

资产上链的可行性分析有很多个不同的维度，有人会从区块链的技术角度去分析，也有人会从政府政策的角度去分析。这些确实都是资产上链的重要分析要素。但是本文主要是从资产的角度去分析确定什么资产适合上链，或者需要上链。

从长远的角度来看，技术的发展总会提供一些切实可行的方案来保证资产上链这一过程，比如现在有很多正在做的项目，通过用物联网、二维码、RFID或者材料定位等方法去确保资产上链的唯一性等基本要求。随着社会的发展，区块链技术的不断成熟，如果它可以对社会带来更高的价值或者效率，政府层面一定会出具相应的法律法规去把资产上链的过程进行规范化，维护社会的稳定。**资产上链本身不是一个技术问题，而是一个共识转移的问题，即完成共识从链下到链上的转变。**

因此，当下需要搞清楚的是什么资产适合上链，或者说什么资产是需要上链的，这是资产上链这件事情的初衷和价值体现。区块链是一个新的价值互联网，所以有价值的东西才需要区块链化。除此之外，既然是有价值的，对应的必然是价值流通，哪些资产的价值跟流通是相关的，那么它就需要区块链化。区块链时代，资产上链有可行性也有约束性，下面从资产上链优先级进行相关的解释。

1. 区块链化的资产优先流通

区块链化的资产本身没有上链的流程，产生于区块链，所以优先作为在链上流通的资产。目前已经有很多落地的项目了，一方面是数字货币，这本身就属于区块链的流通媒介，自带流通属性。另一方面是基于区块链开发的虚拟资产，比如以太猫、哈希世界的土地等，这类资产产生于区块链，以游戏的形式展现给大家，每一个资产都是独一无二的，100%无法篡改、毁坏和复制。该类资产在区块链的所有权或者使用权的流通上非常便捷，无须链下的相关配合，所以优先在区块链上进行流通。

2. 数字化权益类资产优先上链

数字化权益类的资产主要包括证券化的资产以及资产数字化两部分。证券化本身是一种资产数字化并且确权的过程，最为直接的一种就是公司上交易所发行股票。传统的 IPO 发行股票，需要经历漫长的公司内部改制或者重组，在这过程中需要多方参与，包括会计、券商、律师以及咨询机构等，每一家服务机构都有自己的任务，确保公司在上市过程中没有任何问题。这一系列的准备，最根本的目的就在于给大众一个可信的依据，通过一些专业化机构的评估

第 27 章
资产上链：价值交换新时代

和良好展现，让投资者在选择购买股票时，相信公司股票所对应的价值是合理的，是有理可依的。**这一类资产具备数字化、标准化以及可区分度，这些都完美契合区块链资产上链的条件。再加上配合各国政府的法律法规，则资产在上链之后也是符合法律认可和监管的，具有很好的合规性。**从流通的价值角度来看，股票等权益性资产本身价值的提升，一方面依赖于背后所对应的实体的收入水平；另一方面主要取决于其流通性，流通一定程度上可能会造成公司估值的震荡，但是从长期发展的角度来看，如果不出现违规操作，股票的流通是有利于公司整体健康发展的。

数字化资产主要针对一些可标准化定义的，比如文字、音乐、美术、摄影等作品。平台提交的作品会和作者信息等记录成区块，并且打上对应的时间戳，版权后续的转让也会带上时间戳的证明，这对于版权所属的确认极为方便。音乐、视频、文章内容属于可以在线消费，并且完全记录的。这部分资产目前面临的最大问题就是确权，区块链可以完美地解决其确权问题，并且生产者可以设置相应的权限，比如用户只能看，不能下载、复制，就可以保证用户不可以随意保存以及在其他各个渠道传播原创作品，这可以很大程度地保证生产者的原创作品在链上的唯一性。

3. 高价值实体资产次级上链

实体资产这一部分最大的问题就是没有数字化，并且由于没有数字化，所以大部分实体缺乏一个唯一标识并且可以验证资产的方法。对于这部分资产，优先选择高价值的资产进行上链，原因如下：首先，对于高价值的资产，一般都有其独特的属性，这样的特点有助于在上链过程中进行唯一标识，比如名人字画，都有着独一无二的特点，一般都有着权威机构的鉴定，并且具备相关的证明；再比如钻石，本身的晶体结构具备唯一性，所以个体与个体之间存在明显的差异，具备可验证的唯一标识。其次，对于高价值的资产，需要有一定的流通效应，这就是为什么每天都有各种各样的拍卖会、展览会举办，诸如此类的活动就是为了提高资产的社会认知度以及流通率。个体对任何资产的价值定义是有很大差异的，所以资产在更大范围进行流通，其价值就会得到放大。因此，一方面高价值实体资产本身自带的属性有助于其上链，另一方面上链后的高效流通会使得其价值得到最大化呈现。

对于普通的实体资产而言，首先，如果其可区分性差，对其进行上链标识或者认证无法形成一个统一的规范，上链难度大；其次，其上链的成本较高，并且不好进行相应的管理；上链对其所带来的附属价值不是特别大。所以现阶段，低价值或者普通的实体资产不进行上链，但是未来理想状况下，所有的实体资产都可以上链。

4．数据类资产上链有待思考

随着计算机的发展，目前很多都是非标化的数据，如一些用户数据、算法等，这些信息有着很强的数据属性，可以被随时复制和传播。从卖家的角度，如何保证数据售卖后不被滥用（如复制数据后，要求退回交易款项）；而买家如何保证在获得数据前，获知数据的可用性、真实性等；市场上如何避免卖家把同一份数据售卖给多个用户等，都是需要解决的问题。

资产上链的本质是解决传统手段造成的资产确权风险，以及流通效率低下的问题，为用户带来更自由流畅的资产流通环境。**理论上，所有的资产都可以实现上链流通，但是一方面由于区块链技术本身的局限，另一方面由于资产本身自带属性特点的问题，现阶段可以上链的资产是有限的。**

27.2.2　资产上链的优势

结合区块链最突出的特点——去中心化、点对点网络、分布式账本、时间戳、信息透明且不可篡改等，资产上链将会有以下几个优势：

1．消除信任问题，降低沟通成本

区块链的本质是去信任，通过技术来解决两者之间的信任问题。信任问题一旦解决，陌生人之间的交易就会变得更为容易，整个资产流通系统的效率随之增加，不需要周边熟人介绍或者第三方中介平台进行"牵线搭桥"。区块链上的每个节点都保存了数据副本，单个节点试图修改链上资产信息的情况可被有效防范，可以确保链上资产信息的真实有效性，降低信任风险。

2．去中介，降低交易成本

传统的资产交易过程中，涉及的环节非常复杂。除了需要政府等权威部门进行资产认证或背书外，还需要结算系统来进行结算，需要银行来处理资金转账，政府相关部门进行资产交割转让等，用户在这个过程中付出了较大的成本。通过区块链的方法，整个交易流程完全在链上完成，所有数据都同步在全网各个节点上，实时更新交换数据，使得整个过程更加清晰透明，无须外部第三方机构的介入，不仅成本大幅度降低，效率也显著提高。

3．提高资产流通效率

传统资产交易流通平台相互孤立，各自为营，这就导致了整体的用户规模受限，从而导致资产流通的效率低。在区块链领域也会出现同样的问题，目前各主链之间也相互独立，但是可以通过跨链技术，实现各链之间相互连通的状态，各链用户和流通资产相互共享，从而促进了整体的资产流通效率。

4．防止资产"双花"

区块链的跨链技术，可以有效地将各个主流链连接起来，各链之间的信息

第 27 章
资产上链：价值交换新时代

实时同步，有效解决各链之间的价值孤岛的问题，并可以有效避免用户同一资产分别在不同的链上进行上链交易的弊端，有效监测和杜绝同一资产在多条链上的双花问题。

27.2.3 资产上链的阻碍和限制

区块链技术本身的优势能给资产带来新的活力，但是资产本身有着不一样的属性，所以就算结合了区块链技术，没有找到正确的上链方法，也无法真正解决现实所面临的痛点，也注定难以成功。

1. 资产映射的准确性

资产上链核心的问题在于资产上链时映射的准确性，由于大部分资产都是非标准化，并且都是实体，其数字化过程相对较难，怎样保证链上资产标志跟链下资产唯一且准确对应，是当下迫切需要解决的问题。其次也需要对链下资产进行一定的控制，防止资产伪造的事件发生。

2. 链下链上一致性

资产上链是所有步骤的前提，后续会面临很多跟资产相关的各类问题。比如现实生活中，资产丢失或者损坏，如何保证链上资产也是一致的，这是需要解决的问题。因此保持链上链下信息的一致性，实时同步信息是非常关键的，但是目前来看，绝大多数的资产在现有技术手段下还不能满足这样的实时性要求。

3. 合法合规性

各国政府对资产权利的规定是有严格要求的，因此在上链过程中，如何保证该智能合约或者上链流程符合该国法律的认可，是各项目都需要切实落地的事情。就如比特币给黑市交易提供了土壤一样，在区块链的加密技术之下，用户端对端的信息交流可以得到很好的加密保护，但是这也给政府监管带来了一定的难度。

27.3 资产上链及其指标体系设计

根据区块链领域对资产上链的普遍定义，资产上链是指现实世界中的资产登记、交易、结算等环节都在区块链上完成，链下由合规机构依照链上要求进行交割的过程。它是区块链技术的进步及应用的产物。从理论上来说，任何资产都是可以上链的，但是在区块链时代，资产上链也会受到一系列外部条件的约束。除了区块链技术本身尚不成熟外，资产是否上链还受到资产本身以及当前经营模式与发展水平的影响。而从长远来看，技术的发展总会提供一些切实可行的方案来保证资产上链这一过程。因此，**资产上链本质上是一个经营思维和模式的转变**。当下亟待解决的问题是判断哪些资产适合上链、哪些资产需要上链，以及哪些资产优先上链。本节致力于设计一系列指标，希望能为解决上述三个问题提供合理的依据。

27.3.1　指标设计的总体思路

为保证指标设计的严谨性和完备性，本文综合考虑资产上链过程中的**供给、操作以及需求**三个层次。供给层是资产上链的源头，是指上链的对象（即资产）以及其所具备的特征；操作层是指资产上链的实现难度，这里不考虑区块链底层技术的实现过程，而是指资产实现链上交易链下同步的难度。需求层是资产上链的动机，只有解决当前资产经营发展的瓶颈，提高资产交流的效率，才能体现区块链技术的优势。除保证"严谨完备"，在设计资产上链的判断指标时，还应遵循具体可量化的原则，保证这些指标不笼统，易达成共识，在进行资产上链时，容易进行量化比较。

27.3.2　供给层指标体系设计

供给层的指标是针对资产本身的内容而言。**本文从资产的价值形成和价值实现过程出发**[○]，**即资产价值和资产流通**，来对资产的特点和属性进行划分：

1. 资产价值

资产价值是指资产给予消费者更充分的购买理由及使用后更多的满足感，可由货币价格表现出来，其大小取决于资产成本、市场因素和社会认知。具体来说：

- **资产成本包括资产的生产成本、外观设计以及品牌溢价**。生产成本是人力投入、物料投入、硬件和软件投入所产生的成本总和。其中，人力投入，即劳动力的投入，不仅与实际工作时长有关，还与劳动者的素质有关；物料投入涵盖了原材料、半成品材料的投入；硬件包括用于生产的基础设施设备，如厂房、生产加工机器等；软件投入主要指技术投入，

[○] 参考苏志平. 商业经济学. 北京：中国财政经济出版社，1997. 这实际上是对商品进行区分，从商品生产过程与商品流通过程来定义商品的两个维度：商品价值和商品流通。本文在探讨需要上链的资产，实际上是考虑可交易的资产（理论上资产都可以交易），即商品。

第 27 章
资产上链：价值交换新时代

如因为技术研发或者是购买专利等所产生的成本。外观设计是针对商品的观赏价值，是为迎合人对美的需要所做的努力。商品的外观和包装是否精美，也是影响商品价值的一个重要特征。一件包装精美的商品和一件制作粗糙的商品，虽然他们在使用价值上是一样的，但是人们却更喜欢买包装精美的那一个。品牌溢价即品牌的附加值。同样的产品，有品牌能比无品牌卖出更高价格，那么该品牌具有溢价能力。如同样的运动鞋，从中国制鞋厂购买，花费不到 200 元人民币，当打上了 Nike 商标后，售价能变为 700 多元。溢价能力的大与小是由品牌的知名度、品质的认可度以及品牌联想等决定的，是品牌生产商长期经营管理的结果。

- **市场要素，表现为某一资产的稀缺性**，是资产供给方和需求方的力量对比，可以用资产的供需比来反映。"物以稀为贵"，当资产的供大于市场需求时，价值就会下降；而当资产的供少于市场需求时，价值就会上涨。
- **社会认知，即社会对资产投资前景的预期，可分为资产的增值性与投机性**。资产的增值性，即资产的长期投资价值。主要体现在一些特殊资产在交换之后的"延时"阶段，具有的自动升值特性，如邮票、古玩等就是增值性比较强的资产。资产的投机性，即资产的短期投资价值，依赖于商品买卖双方的"智商交换"。所谓"智商交换"，通俗来说，就是指买卖双方在讨价还价上对商品价值判断的差异。它是由买卖双方对商品本身的认知偏好不同引起的，也可以是因为信息不对称带来的。

对资产价值高低的判断，可以从资产内容、资产稀缺性以及社会对资产的认知综合考虑。一般来说，资产的内容越丰富、稀缺性越高，社会对资产的投资预期越高，那么资产的价值越大，也反映为资产的价格越高（图 27-1）。

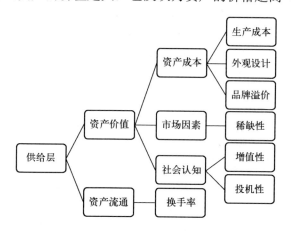

图 27-1 供给层指标体系设计

2. 资产流通

资产流通，或者说资产流通率，指在某一时间段内，某一资产倒买倒卖的次数，它反映该资产流通性的强弱。流通率高，说明资产在市场上活跃的程度就越高。资产流通率有时也称换手率。资产的流通率与资产的种类是密切相关的。比如房屋等固定资产的交易，当买卖双方达成交易时，在很长一段时间内不流通，说明这一类资产的流通率低；而股票、期货等金融资产的交易，某一股票在一段时间内会反复被购入抛售，说明这一类资产的流通率高。

27.3.3 操作层指标体系设计

操作层表现的是资产上链的**可操作性**，根据资产上链的定义，可以从上链交易难度和链下交割难度两个维度来探讨，具体来说：

1. 上链难度

资产在区块链上的活动包括登记确权、流通以及结算等。其中，**资产在链上交易最大的难点在于如何确权**，即确定资产的所有权，只要资产确权能有效完成，后续的流通结算也会水到渠成。确权的难易程度取决于当前资产管理的信息化水平。一般来说，资产的信息化水平越高，或者资产的可信息化难度越低，资产上链的准备工作就越容易，上链的难度也就越低。例如，原生区块链上的资产，如数字货币和互联网资产本身就在线上进行，这一类资产上链的难度要比实体资产简单得多。链上确权登记的难易还取决于**资产本身的可区分性**。所谓可区分性是与标准化对应的，资产可区分性高，那么该资产就更容易设置数字化标识，以区分其他资产，上链之后不容易造成太多的误解。对于标准化产品而言，其登记确权的难度相对较低，由于资产都是标准化的，所以无须区分。因此对于完全标准化或者可区分度很高的产品，其上链难度相对较少，介于两者之间的资产上链难度较大。链上确权交易与上链的资产本身是否合规有关，即资产是否合乎法律的要求，不符合法律规范的资产基本不存在上链可能，比如 ICO 在国内市场是明文禁止的。

2. 链下交割难度

链下交割是指当区块链上完成交割时，现实世界实现实体资产交接的过程。其难度主要来自于链上、链下交易是否能达成同步。一旦链上流通与链下交易脱离，那就很有可能出现交易数据伪造等情况。链上、链下交易信息同步的快慢，取决于资产转移过程的难度和过程监督的难度。资产转移过程的难度是指资产在交易过程中，所有权或使用权的线上、线下对接转移的过程，比如低频率的资产交接，如大型的实体资产的搬运和远距离资产的空间转移，线上、线下的信息对接往往相对容易，而高频率的资产交接，如生鲜产品等大批量高频次消耗品要实现线上、线下信息同步更新会相对较难。过程监督是指在资产交接过程中，由谁来监督转移过程的发生。只有买卖双方对监督执行主体的选择达成共识，才能使得区块链具备现实基础。如果监督过程不透明，或者由资产卖方自己执行，去信任的实现就成为空谈。一旦买方意识到被欺骗，资产交易可能就会彻底中断（图27-2）。

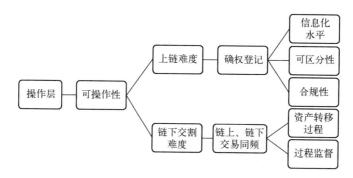

图 27-2 操作层指标体系设计

27.3.4 需求层指标体系设计

需求层，即指资产对区块链技术的需求，也就是**对去信任的需求**（图 27-3）。**具体表现为：** 一是区块链通过技术手段解决陌生人交易时存在的信任冲突，使得双方的交易更容易达成。二是通过点对点网络去除中心权威担保机构，降低交易成本，同时也能降低中心权威机构对交易数据泄露、篡改的风险。但是如果在整个资产交易链条中，中心机构不存在动机进行"暗箱"操作，而且以中心机构的信用背书一样可以使得买卖双方之间交易很容易实现，那么区块链技术的优势并不明显。

图 27-3 需求层指标体系设计

实际上，去信任的需求这一指标是一个相对的概念，与当前市场对某一资产的经营特点相关。以电商平台如天猫和京东商城为例，其商品交易是基于平台的信用担保进行的。买方在平台上交易，不需要担心产品的来源与真实性的问题，卖方不用担心诈骗购买的情况，此时，区块链技术对于资产交易的效率提升很有限，反而会因为应用区块链技术造成额外的成本负担。而对于药品、生鲜产品在实体店交易的情况，买方会关注其产地、流通加工过程等，对于卖方来说，为吸引顾客消费，有动机做虚假宣传，以次充好等，区块链技术公开透明、无法篡改的特点就能体现出其价值来。

27.4 资产的种类与权力划分

27.4.1 资产的种类

本节将详细讨论资产种类划分以及具体内容，为进一步应用上述指标体系奠定基础。按照资产的形态可以分为实体资产（即有形资产）、无形资产、金融资产和其他（表27-1）。

表 27-1 资产分类表

资产类别	二级分类	具体内容	备注
实体资产	固定资产	土地	
		房屋及建筑物	
		一般办公设备	办公桌、椅、凳、橱、架、沙发、取暖和降温设备、会议室设备、家具
		专用设备	文体活动设备、录音录像设备、放映摄像设备、打字电传设备、电话电报通信设备、舞台与灯光设备、档案馆专用设备
		文物与陈列物	古玩、字画等
		图书	
		运输设备	轿车、吉普车、摩托车、面包车、客车、轮船、运输汽车等
		机械设备	机床、工具和备用的发电机等，以及各种仪器和医院的医疗器械设备
	存货	各类材料、在产品、半成品、产成品或库存商品、包装物、低值易耗品、委托加工物资等	商品包括手机、计算机等数码产品；水果、蔬菜等生鲜产品；药品、家电、家具和日化用品等
	贵重物品	贵重金属	
		珠宝	
		能源矿产	煤炭、石油、天然气等
无形资产		音乐、图片、视频与原创文章等数字资产	
		专利权、商标权	
		医疗健康、用户习惯等数据资产	
		社交、社区、娱乐平台虚拟财产	游戏金币、BTC等数字货币

第 27 章
资产上链：价值交换新时代

(续)

资产类别	二级分类	具体内容	备注
金融资产		库存现金与银行存款	
		应收账款	
		应收票据	
		其他应收款项	
		股权投资	
		债券投资	
		衍生金融资产	基金、期权等
其他		善款、捐赠物等公益资产	

实体资产是指一切具有实物形态且预期会带来收益的非货币性资产，根据会计学的划分可分为固定资产、存货和贵重物品三类。其中，**固定资产**是指企业为生产产品、提供劳务、出租或者经营管理而持有的、使用时间超过 12 个月的、价值达到一定标准的**非货币性资产**，如土地、房屋及建筑物、一般办公设备、专用设备、文物与陈列物、图书、运输设备以及机械设备。存货是指企业在日常活动中持有待出售的产成品或商品、处在生产过程中的在产品、在生产过程或提供劳务过程中耗用的材料或物料等，包括各类材料、在产品、半成品、产成品或库存商品，以及包装物、低值易耗品、委托加工物资等[1]；贵重物品是指单件货物价格比较昂贵的物品，如贵重金属、珠宝、能源矿产等。

无形资产是相对实体资产而言的，是指企业拥有或者控制的没有实物形态的可辨认非货币性资产。会计学上对于无形资产主要是指品牌权和商标权，而随着互联网技术的发展，无形资产的内容得到极大拓展，如音乐、图片、视频与原创文章等数字资产，医疗健康、用户习惯等数据资产，以及社交、社区、娱乐平台的虚拟财产，都可以被视为无形资产。

金融资产是指企业或个人所拥有的以价值形态存在的资产。根据金融资产的经济性质可以将金融资产分为库存现金（包括银行存款）、应收账款、应收票据、其他应收款项、股权投资、债券投资以及衍生金融资产等[2]。

27.4.2　资产的所有权、使用权和收益权

从本质上来讲，资产上链的内容是指对应资产的相关权益，包括所有权、

---

[1] 管友桥，《企业会计》：中国广播电视出版社，2011。

[2] 参看智库百科对金融资产的划分：http://wiki.mbalib.com/wiki/%E9%87%91%E8%9E%8D%E8%B5%84%E4%BA%A7

使用权以及收益权。资产的所有权是指在法律规定的范围内，对资产全面支配的权利。所有权可分解为占有、使用、收益和处分四项基本内容[⊖]。其中，占有权是对资产的控制权，使用权是不改变资产的本质而依法加以利用的权利。资产的占有权和使用权可以由所有人行使，也可以依据法律、政策或所有人意愿而转移给他人。例如房屋出租是按照出租合同将房屋的占有、使用权转让给非所有权来行使。资产的收益权是指获得基于所拥有的资产产生经济利益的可能性，收益权是所有权在经济上的实现形式。处分权是所有人对其资产在法律规定的范围内最终处理的权利，包括资产的转让、消费、出售、封存处理等方面的权利。资产的处理权只能由所有人来行使。

在讨论资产上链时，如果上链的内容是资产的所有权，区块链上记录的是所有权的转让；如果上链的内容是资产的使用权[⊖]，区块链上记录的是资产的租赁信息；如果上链的内容是收益权，区块链上记录的是资产预期收益的归属权。

27.5 资产上链指标及其应用

本文分别从供给层、操作层、需求层三个层次对资产上链需要考虑的指标进行定义，要判断一个资产是否适合上链、是否需要上链，关键在于区块链技术能否解决当前资产经营管理中的"痛点"，同时也兼顾区块链能否加速资产的价值实现和流通，快速实现上链的难度，即资产价值、资产流通、可操作性、去信任的需求。

27.5.1 指标体系的打分原则

在具体应用设计的指标判断资产上链时应注意：

（1）去信任的需求是资产上链的原动力。不是所有资产都需要上链。区块链技术是必须能解决当前资产经营过程的"痛点"。区块链技术在行业应用过程中最大的"卖点"之一就是能够实现快速溯源，降低买卖双方的信任风险。区块链技术具备公开透明、不可篡改的特性，可以确保资产的来龙去脉能清楚明白地查询，确保交易数据等不会被篡改，减少资产经营管理者可能出现的道德

⊖ 参考《中华人民共和国民法通则》对房屋所有权的定义。

⊖ 在讨论上链资产的使用权时，指代资产的租赁使用，可能会包含占有权，不做具体区分。

第27章
资产上链：价值交换新时代

风险，减少投资方审核监督成本，通过强化消费者信心来刺激消费。但如果当前的资产交易过程中，买卖方信任关系可以得到保证，资产能实现快速流通，那么这类资产就不需要应用区块链技术了。

（2）资产价值和资产流通是资产上链的基础。首先，使用区块链技术是需要支持额外成本的，一方面上链本身会带来成本，并且在交易过程中也需要支付一定的手续费。而且作为一种新的技术手段的应用，会带来一系列的变革，企业也需要投入成本来培养专门的人才参与管理维护。上链的成本过高，或者对产品的价格冲击过大，那么反而会削薄资产卖家的利润。特别是对一些低价值产品，如日化产品，顾客对于价格的波动是相对敏感的。因此，资产上链首先对资产的价值高低提出要求。其次，区块链技术作为一种分布式记账的技术，能有效地实现资产流通过程中公开透明、去中心化、隐私保护等需求。如果资产交易频率较低或者干脆是一次性交易，区块链技术的应用可行性并不大。

（3）可操作性是资产上链的催化剂。可操作性不是资产上链的决定因素，但是它会影响资产上链的快与慢。包含确权登记难度与链上、链下信息同步的难度，与当前资产管理的信息化水平以及企业管理流程的标准化水平密切相关。但随着信息化技术和互联网技术的发展，未来越来越多的资产会实现标准化、信息化的经营。资产可操作性的差异也会相对降低。

按照需求层、供给层、操作层的各指标对资产进行划分，可以对资产是否适合上链有一个可量化的判断，用"上链评分"刻画。为简化处理，对各个指标只定义两个水平，即高与低，对各层次的权重设为需求层：供给层：操作层=2:2:1⊖。对于相同的上链评分，则根据资产流通和可操作性的直观比较做细微处理⊜，可以得到对 16 种情况的打分表格，如表 27-2 所示。本文主要讨论优先上链的前五种资产，其他情况依此类推：

第 1 类资产：去信任需求高、资产价值高、资产流通率高、可操作性强的资产。不难判断，这类资产是最适合上链的一类资产。如股票、证券等金融交易类资产。

第 2 类资产：去信任需求高、资产价值高、资产流通率高、可操作性低的资产。这一类资产无论是从需求层，还是从供给层的角度，都非常符合资产上链的要求。可操作性低可以由很多原因引起，比如该类资产是可区分性低的非标资产，资产的登记确权手续相对烦琐。但能通过规范化、标准化、信息化操作流程（这也是企业经营发展的必然趋势）得以解决，因此，将这类资产排在第二位。

⊖ 各层次之间的比重可以通过专家打分法确定。

⊜ 增加☆，其中☆=0.5★。

区块链浪潮：
连接技术与应用

第 3 类资产与第 4 类资产：去信任需求高、资产价值高、资产流通率低、可操作性高的资产和去信任需求高、资产价值低、资产流通率高、可操作性高的资产。这类资产主要指有溯源需要的资产，强调"去信任需求"的重要性，并且具有良好的上链可操作基础，将这两类资产并列排第三位。

第五类资产：去信任需求高、资产价值低、资产流通率高、可操作性低的资产。同样，需要强调"去信任需求"这一指标的重要性，而资产流通率高，意味着交易相对频繁。也就是说这类资产对交易信息和交易过程有公开透明的记录需求。因此，将这类资产上链优先级放在第五位。

表 27-2 资产上链打分表

序号	资产价值		资产流通		可操作性（操作层）		去信任的需求（需求）		上链评分
	高	低	高	低	高	低	高	低	
1	√		√		√		√		★★★★★
2	√		√			√	√		★★★★☆
3	√			√	√		√		★★★★
4		√	√		√		√		★★★★
5	√			√		√	√		★★★☆
6		√	√		√		√		★★★
7	√			√		√	√		★★★
8		√	√			√	√		★★☆
9	√		√		√			√	★★
10	√			√	√			√	★★
11		√	√		√			√	★★
12	√			√	√			√	★★
13	√			√		√		√	★
14		√	√			√		√	★
15	√			√		√		√	★
16		√	√			√		√	☆

27.5.2 上链内容的具体讨论

如上所述，资产上链的对象包括资产的所有权、使用权以及收益权。表 27-3 比较了不同资产的所有权、使用权以及收益权的上链优先级分布。人们发现：

（1）**同一资产上链的内容不同，优先级会有所差异**。以土地、房屋及建筑物为例，当上链的资产是使用权（租赁）和未来收益权时，会成为最优先上链

第27章
资产上链：价值交换新时代

的资产（第 1 类资产），而如果上链的资产是所有权，其对去信任的需求低，资产的流通率低，因而是第 11 类资产。

（2）资产的收益权上链优先级相对较高。收益权因其对去信任的需求高，本身流通性高，可操作性强，是非常适合上链的资产类型。因此，对资产权益化后（Token）的上链应给予重视。

（3）资产的所有权上链优先级相对较低。除了传统的股票、证券和应收款项等金融资产，其他资产的所有权较收益权和使用权的上链优先级会偏低，这主要是由于资产流通低，以及去信任需求低造成的。

（4）二手交易、租赁市场是资产上链可能的增长点。无论是二手交易市场，还是租赁市场，对交易内容的去信任化需求很高，特别是租赁市场，因为资产使用权的流通率高，使得其位于资产上链优先级的第一位。

表 27-3 资产上链优先级分布

资产分类	上链评分	（去信任需求、资产价值、资产流通、可操作性）	行业案例
第 1 类资产	★★★★★	（高、高、高、高）	土地（使用权、收益权），房屋及建筑物（使用权、收益权），专用设备（使用权、收益权），机械设备（使用权、收益权），贵重金属、珠宝（使用权、收益权），煤炭、石油、天然气等（收益权），社交、社区、娱乐平台虚拟财产（所有权），股票、债券（所有权），应收款项（收益权、所有权），古玩字画等（收益权），专利权、商标权（使用权）
第 2 类资产	★★★★☆	（高、高、高、低）	海鲜产品、有机农产品等（流通加工环节，所有权）
第 3 类资产	★★★★	（高、高、低、高）	药品（所有权），善款等（所有权），古玩字画等（所有权），运输设备（二手交易市场、所有权），手机、计算机等数码产品（二手交易市场、所有权），专利权、商标权（所有权）
第 4 类资产	★★★★	（高、低、高、高）	音乐、图片、视频与原创文章等数字资产（使用权、收益权），运输设备（使用权、收益权），医疗健康、用户习惯等数据资产（使用权、收益权），社交、社区、娱乐平台虚拟财产（所有权）
第 5 类资产	★★★☆	（高、低、高、低）	
第 6 类资产	★★★	（高、低、低、高）	捐赠物（所有权），音乐、图片、视频与原创文章等数字资产（所有权），医疗健康、用户习惯等数据资产（所有权）
第 7 类资产	★★★	（高、高、低、低）	
第 8 类资产	★★☆	（高、低、低、低）	
第 9 类资产	★★☆	（低、高、高、高）	
第 10 类资产	★★	（低、高、低、低）	煤炭、石油、天然气等（使用权）
第 11 类资产	★★	（低、高、低、高）	土地、房屋及建筑物（所有权），专用设备（使用权），贵重物品（所有权），运输设备（所有权），机械设备（所有权），手机、计算机等数码产品（所有权），贵重金属、珠宝（所有权）

(续)

资产分类	上链评分	(去信任需求、资产价值、资产流通、可操作性)	行业例子
第12类资产	★★	(低、低、高、高)	
第13类资产	★	(低、高、低、低)	家电、家具和日化用品等（所有权）
第14类资产	★	(低、低、高、低)	
第15类资产	★	(低、低、低、高)	
第16类资产	☆	(低、低、低、低)	图书（使用权、收益权、所有权），各类材料、在产品、半成品等（所有权）

27.6 小 结

区块链技术作为一种分布式记账的技术，能有效地实现资产流通过程中公开透明、去中心化、隐私保护等需求。随着区块链技术"热潮"的掀起，一些人出于推广或炒作、融资等目的，对区块链技术盲目"吹捧"，认为一切资产都需要上链。实际上，不是所有资产都适合上链。要判断资产是否适合上链，需要清楚两个方面的问题：

（1）上链的内容是资产的使用权、所有权还是收益权。**同一资产上链的内容不同，优先级会有所差异，资产的收益权上链优先级相对较高，而资产的所有权上链优先级相对较低。**

（2）在判断资产上链的优先级时，需要综合供给层、操作层和需求层三个层次的因素。本文列举了去信任的需求、资产价值和资产流通以及可操作性四个可量化的指标，作为 "区块链技术+资产管理"可行性判断的标准。其中：

- **去信任的需求是资产上链的原动力。不是所有资产都需要上链。区块链技术是必须能解决当前资产经营过程的"痛点"。**如果当前的资产交易过程中，买、卖方信任关系可以得到保证，资产能实现快速流通，那么这类资产就不需要应用区块链技术了。
- **资产价值和资产流通是资产上链的基础。**首先，资产上链对资产价值和流通性是有要求的。如果对于低价值的或者顾客对其价格敏感的资产，交易频率较低的或者一次性交易的资产，应用区块链技术的可行性较低。
- **可操作性是资产上链的催化剂。**可操作性不是资产上链的决定因素，但

第 27 章
资产上链：价值交换新时代

是它会影响资产上链的快与慢。

除此之外，本文也得出了以下两个观点：

（3）**最适合优先上链的资产包括**：土地的使用权和收益权，房屋及建筑物的使用权和收益权，专用设备的使用权和收益权，机械设备的使用权和收益权，贵重金属、珠宝的使用权和收益权，煤炭、石油、天然气的收益权，社交、社区、娱乐平台虚拟财产的所有权，股票、债券的所有权，应收款项的所有权，古玩字画的收益权，专利权、商标权的使用权。

（4）**二手交易、租赁市场是资产上链可能的增长点**。原因包括两个方面：一是这两类资产的使用权对去信任的需求，而且运输设备、数码产品等二手交易一般来说价值较大，资产的租赁就决定了资产的流通率会比较高；二是这两个市场的增长潜力。以汽车行业为例，根据中国汽车流通协会统计，从 2000 年到 2011 年，我国二手车交易量由 25.17 万辆上升到 433 万辆，增长了 16 倍。而根据艾瑞 2017 年中国租车行业研究报告，从 2012 到 2016 年，我国的租车行业市场规模从 288 亿元上升到 586 亿元，增长了 1 倍多。而且无论是二手车交易，还是租车行业，与欧美发达国家相比，还有很大的差距，也就意味着巨大的增长空间。

第 28 章 Token 经济及其发展模式

通证经济是资产上链的经济表现形态，根据应用场景的不同，可以分为**支付货币类、通用平台类和行业应用类**三类形式。随着区块链技术的完善，越来越多的通证经济体系被提出，但当前对通证经济体系的发展模式特点和演化逻辑并没有清晰的认识，本文选取市值排名前 50 的项目，从面向对象、代币结构、发行方式、分配方式四个维度探讨通证的发展现状，并指出通证项目的发展模式以及实现目标，可以分为三类：以技术完善为目标、以拓展市场应用为目标、以减少市场扰动为目标，以及通证经济在发展和应用过程中的"痛点"。

28.1 通证经济概述

28.1.1 基本概念

通证经济（Token Economy）是一种对"通证"（Token）进行管理的经济。根据通证学派[一]的定义，通证是指可流通的数字权益凭证。作为一种数字化凭证，通证需要具备三个特点：**可流通、可证明和有价值**。可流通是指通证能在全社会范围内使用、转让以及兑换；可证明是指通证是真实的，能被快速识别的，同时具备防篡改、隐私保护等能力；有价值是指通证只是价值的载体和数字化形态，它需要实实在在的资产权益来支撑。这里的资产权益包括资产的所有权、使用权以及未来的收益权等。

广义上的通证可以分为三大类。**第一类**是以身份证、信用卡、用户积分、

[一] 以元道和孟岩为代表。

第 28 章
Token 经济及其发展模式

优惠券等为典型特征的**功能性通证**⊖。对于持有人来说，它具备一定的功能。比如身份证能证明持有者的公民信息，信用卡能反映持有者的消费透支程度，用户积分和优惠券能赋予持有人一定的消费特权等。**第二类**是以金融衍生品、债券、期货合约和股票为特征的**权益性通证**。它对应着持有人在金融交易过程中获取未来收益的权利（或者损失）。**第三类**是以区块链技术为基础的**加密数字货币**，如比特币、以太坊等。它利用区块链技术防篡改、可追溯，以及分布式记账等特点，可以实现通证在区块链网络上资质可验证，流通可追溯，个人隐私和交易数据安全可保证。本文所讨论的对象是针对第三类通证，分别就其发展现状和发展规模展开讨论。

28.1.2 通证经济的特点

通证经济作为一种新兴的经济模式，能快速获得业界的认可及应用，是离不开区块链技术的支持的。最早基于区块链技术的通证经济体系是以比特币为基础的支付货币类通证，随着以太坊推出第一个图灵完备的智能合约，使得通证体系拓展到除支付服务以外的应用成为可能。通证经济的优势非常明显，一方面它扩大了产品或服务的供给渠道；另一方面，通过去中心化等手段加速价值的实现。具体来说：

（1）通证经济模式扩大了供给市场。理论上，所有的资产权益都是可以通证化的。任何人、任何组织都可以基于自己的资源和服务能力发行权益证明。此时，提供产品或服务的人不再局限于传统的生产商，任何人既是消费者，也是生产者。

（2）通证经济重新定义生产关系。当资产权益通证化后，其流通是发生在区块链网络的，区块链技术保证了整个流通过程公开透明，随时可验证、可追溯。这不仅极大地降低了交易过程中的过程监督和审核成本，而且其安全性、可信性、可靠性是以前任何一种交易方式都达不到的。因此，资产权益在区块链上能实现高速流转和交易，从而使得其价格在市场上也能迅速确认⊜。

28.1.3 通证经济的发展

随着区块链技术的进步，越来越多的应用场景选择通证化。从通证项目的

⊖ 通证经济学派将通证划分为证明性通证、功能性通证、权益性通证和加密数字货币四类。笔者认为在本质上，证明性通证属于功能性通证的一种。

⊜ 通证经济学派称之为通证经济"看不见的手"。

数量来看，根据 Elementus 统计，2017 年 4 月至 2018 年 3 月期间，公开众筹的通证项目数量增长了超过 13 倍（由 13 个增至 174 个），如图 28-1 所示。

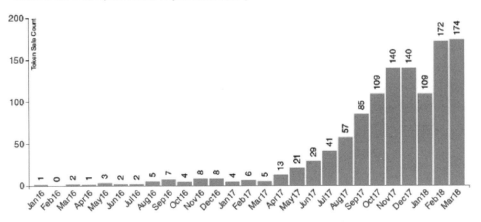

图 28-1　近几年全球发售通证的数量（众筹金额在 10 万美元以上的项目，非全部）

（图片来源：Elementus、Token Insight）

从通证项目的类别来看，根据 Token Insight 的划分标准，通证项目分为 21 类，包括支付货币类，如比特币 BTC、达世币 DASH 和瑞波币 XRP，通用平台类如以太坊 ETH、柚子币 EOS 和艾达币 ADA，以及内容、娱乐及广告类，如 STEEM，物联网类，如 ETC、IOTA，通证交易所类，如 BNB、BTS 和 ZRX 等。其中支付货币类通证的总市值占比最高（为 63%），通用平台类通证次之（27%）。实际上，无论是内容、娱乐、广告类、物联网类，还是通证交易所等，都是通证经济的具体应用，因此，本文将其归为一类，称为应用类。

28.2　经济的发展模式

自 2008 年中本聪提出比特币后，以区块链技术为基础的通证经济正式诞生。该技术去中心化的设计为买卖双方之间的交易关系带来了新的变革。它打破了当前以物资所有权为基础、以中心化机构信用背书为基础的经济关系。随

第 28 章
Token 经济及其发展模式

着区块链技术的进步以及项目应用逐步落地，通证经济的技术复杂度、内容深度和广度都有极大提升。但比特币在通证经济体系设计的奠基作用是毋庸置疑的。目前，通证经济体系依然保持着发行"代币"的形式[注]，比特币的框架如共识机制（POW，工作证明）、发行方式（挖矿、区块设计）、分配方式（挖矿奖励与交易费用）已成为设计通证经济体系的范式。

为深入分析当前通证经济体系的特点，本文选取以市值排名前 50 的通证为样本，探讨目前通证经济发展的现状，并进一步从通证经济的发展脉络来总结其演变逻辑。

28.2.1 通证经济的现状分析

对于通证经济的现状分析，本节将从面向对象、代币结构、发行方式、分配方式四个维度探讨。其中，面向对象即为通证所属的类别，这里的类别如上所述包括三个：支付货币，以推动区块链底层技术实际应用为目的标准化和通用化的公共开发平台，如分布式开发平台（DAPP）和智能合约，以及服务特定行业的应用类通证，如服务票据金融交易的通证 PPT（Populous Token）、服务内容娱乐体系的 TRX（波场币）等；代币结构即通证体系代币层次，例如以 BTC（比特币）为代表的一层代币结构，以 NEO（小蚁）为代表的两层代币结构 NEO 和 NeoGas，以及以斯蒂姆币（STEEM）为代表的三层代币结构 STEEM、SteemPower 和 SteemDollar；发行方式的内容包括共识机制、代币的发行总量、初始发行方式，如代币发放的形式，以及各参与者所占比例和代币释放的规则；分配方式具体指激励方式和收入的分红方式。

本文总结了市值前 50 的通证经济体系，通证经济体系的发展现状具有以下几个特点：

1. 支付货币类、通用平台类和行业应用类三足鼎立

从数量上来看，不同的通证经济体系分类会有差异。支付货币类通证最多（数量为 21），通用平台类和应用类的通证数量差别不大，分别为 14 和 15。其中，应用类通证以通证交易所、金融交易、物联网等为主。但整体来看，三类通证经济数量未出现相差极多的情况（在以太坊出现以前，支付货币类通证在数量上占据绝对的优势），分布相对平衡（图 28-2）。

[注] 这也是 Token 很长时间被翻译为代币的原因。

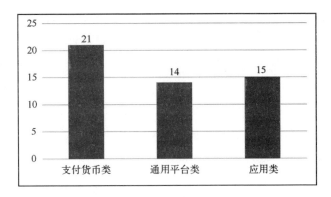

图 28-2 不同的通证经济分类的数量分布

2. 一层代币为主，多层代币并行

从代币结构上看，当前通证经济体系以一层代币为主，多层代币并行发展。其中，支付货币类通证均为一层代币，二层代币包括五种代币，即 MKR（Maker）、NEO（小蚁）、VeChain（唯链）、ONT（本体）和 SNT（Status）。三层代币有一种，即 STEEM（斯蒂姆币）。其中，STEEM 和 SNT 是内容社交代币，ONT 和 VeChain 为通用平台类代币，NEO 为数字资产管理代币，MKR 属于金融股票代币。

表 28-1 不同代币结构下通证的数量分布

代币结构	数量	举例
一层代币	44	BTC（比特币）、ETH（以太坊）、XRP（瑞波币）、XRP（瑞波币）、BCH（比特现金）、EOS（柚子）、LTC（莱特币）、ADA（艾达币）、XLM（恒星币）等
两层代币	5	MKR（Maker）、NEO（小蚁）、VeChain（唯链）、ONT（本体）、SNT（Status）
三层代币	1	STEEM（斯蒂姆币）

3. 灵活的共识机制和发行方式助力通证经济的发展

比特币作为一种基于密码学的虚拟货币，颠覆了传统的经济交易模式。但由于是开创性应用，在去中心化、技术推广、交易效率、隐私保护等方面不可避免地存在不足。而随着区块链技术的成熟，通证经济的发展在发行方式上也愈发灵活。

在共识机制上，从比特币最早采用的工作证明机制 POW 逐渐发展到权益证明机制 POS 和拜占庭容错机制 BFT，到委托权利证明机制 DPoS 和委托拜占庭容错机制 DBFT，到将各共识机制组合的混合共识机制，如 EOS（柚子）采用的共识机制是 BFT（DPoS）。为满足具体通证项目应用的需要，也出现很多个性化的共识机制,如为提升交易匿名程度的零知识证明机制,内容社交代币 STEEM(斯蒂姆币)采用的共识机制为 Aligned Proof-of-Brain,云存储代币 SC(云储币)采用的代币是存储证明机制 Proof of Storage 等。

在初始发行方式上,通证经济体系根据项目特点、社区经营和技术推广的需要,除了经典的挖矿释放外,更加灵活的手段被引入到推动通证经济体系初期的发展上,包括预挖矿、ICO 众筹、风投、空投、打赏等。从整体上来看,挖矿释放和 ICO 众筹为主要的通证发行方式。ICO 资金一般会按比例分发给创始团队、社区基金会、投资机构和合作伙伴、早期贡献者、社区建设等。另外,代币发行总量也从 2100 万增加至百亿不等,如 ZIL(Zilliqa)币发行总量为 210 亿,XVG(Verge)币发行总量约为 166 亿等。

4. 多元化的激励方式提升通证体系活力

在激励方式上,挖矿奖励和交易费用节点奖励依然在当前通证经济体系中扮演重要的角色,特别是支付货币类通证,如比特币、门罗币、比特现金等,以及通用平台类通证,如艾达币、量子链等。其中,挖矿奖励的内容也有一些变化,如以太坊引入固定奖励和叔块奖励,而以太经典引入固定奖励、叔块奖励和 Gas 奖励。

对于应用类平台通证,在激励方式上一般会根据通证项目的内容做个性化的调整。如比原链-BTM(服务于资产上链)的激励内容包括交易费用和(对 BTM 币的持有进行)平台利润分红,云储币-SC 利用 PC 存储空间赚取 SC 币等。

5. 社区治理融入通证经济体系的建设

以比特币和以太坊为代表的支付货币类和通用平台类通证是不存在社区治理机制的。目前,越来越多的通证经济体系意识到社区治理机制在推动通证经济可持续发展的作用,特别是对于通用平台类和应用类通证,社区治理机制通过二次分配,如回购和回馈用户等方式,保证代币价值和用户活跃度,作为治理结构,既可以扮演仲裁机构解决争议,也可作为管理层制定社区发展战略。

比较有代表性社区治理机制的通证有量子链、艾达币和柚子币等。其中,量子链通过 DGP 智能合约对区块链社区进行控制,以投票的方式完成对区块链网络参数修改或通过投票对管理和治理席位进行增加或删除;艾达币设计了一套国库系统,由部分新生产的通证以及转账费用捐赠,通证持有者可通过投票决定如何使用;柚子币社区机构拥有账号冻结、改变代码和宪法修改等权利。

28.2.2 通证经济的发展模式

当前通证经济体系无论是代币结构、通证分类,还是运营方式(共识机制、发行方式、激励方式和社区治理)相比于最早的通证——比特币都有了显著提升。绝大多数的通证是以比特币为参考基点发展起来的。每一个通证经济体系的产生都旨在解决比特币在投入运行过程中（可能）存在的"痛点"，如交易信息和用户信息隐匿性不足，交易确认时间长、区块小且不可扩容、价格波动、消耗能源大等。这里将重点分析，从比特币到当前通证经济体系的发展脉络和机理，即通证经济的发展模式：

1. 发展模式 1：以完善底层技术为目标

比特币旨在打造一个去中心化点对点的货币支付系统，它的特点如下：采用工作量证明 POW 作为区块生成的共识机制，每秒只能进行大约 7 笔交易（即 TPS=7），区块大小为 1M，采用的核心加密算法为 SHA-256。从技术层面来说，比特币在运行过程中，会存在一些局限性。

首先，比特币并不是完全匿名的，无法提供和现金一样的隐私程度。使用比特币会留下许多公共记录，也因此存在身份信息泄露的风险。因此，有多种机制被设计用来保护用户的隐私，如基于 CryptoNote 技术：字节币和门罗币，基于零知识证明机制的大零币。

其次，由于矿机和矿池等专业挖矿设施的出现，使得在比特币挖矿过程中，普通用户相比于矿机持有者处于绝对的劣势，最终导致新生成的比特币集中在少数人手中，形成所谓的"伪中心化"。因此，有许多算法被应用到通证，以尽可能减少 ASIC 矿机相对于 CPU 挖矿的优势，如比特黄金采用的 Equihash 算法、DCR 采用的 Blake-256 散列算法、云尊币采用的 SCRYPT 算法，都是为了减少挖矿专用设备的算力"垄断"。

再次，比特币每笔交易的发生都是要产生交易费用的，而且交易的确认时间很长，对于高频率、低价值的交易，所需要的交易费用会很高，因此，纳诺币采用一项名为有向无环图的数据结构（DAG 技术），支持无限次的交易，免费并且即时到账。

最后，工作量证明 POW 会造成网络资源和电力资源的浪费。比特币挖矿从原理上就是计算数学题的过程，这一过程需要投入网络资源和电力资源，而随着挖矿难度的增加，所需资源的投入会极大地提高。当前，支付货币类通证仍然以 POW 为主，但很多通用平台类和应用类通证逐渐选择 POS、BFT 以及一些混合共识机制等。

2. 发展路径 2：以拓展应用场景为目标

由于对比特币的支付货币属性先入为主，在其出现后的五年内，通证经济体系几乎等同于支付货币类通证。这一局面在以太坊推出 ERC20 智能合约平台时被打破。自此，基于底层区块链技术应用的公共开发平台逐步成长起来，通证经济的理念也逐渐为产业界所熟知和认同。比较有代表性的通用平台类通证

第28章
Token 经济及其发展模式

有以太坊、柚子币、艾达币和量子链等，它们采用的共识机制以权益证明机制 POS 为主[一]。

随着通证经济逐渐落地以及通证种类的增多，诞生了一系列应用类通证，具体可分为两种：一种是与实际项目结合的通证经济体系，侧重于物联网应用的埃欧塔和以太经典，主打内容社交平台的波场，服务于金融交易的 PPT（Populous Token）、比原链平台。另一种是专注从事通证交易的平台，即通证交易所，如币安币和火币积分。

3．发展路径3：以社区可持续经营为目标

从市场交易的层面，以比特币为代表的支付货币类通证普遍存在的问题是非常容易受到市场的冲击。相对较小的交易或业务活动都可以显著影响其价格。特别是当由于大量投机者介入，会导致支付货币类通证的价格如过山车一般起伏。

为最大程度降低市场因素的干扰，特别是通证价格波动对区块链网络的冲击，多层代币结构应运而生。从本质上来说，**多层代币是将通证的价值属性和管理属性剥离，从而使得通证的价值波动不会影响区块链网络的正常运作**。例如通用平台类通证本体两层代币：ONT 和 ONG，ONT 抵押参与共识，即为管理代币，ONG 为激励交易的手段，即为价值代币；数字资产管理通证小蚁币包含两层代币：NEO 和 NeoGas（GAS），其中，NEO 是管理代币，用于对 NEO 网络的管理权，GAS 是燃料代币，用于对 NEO 网络使用时的资源控制，是一种价值代币；金融股票通证 MKR 包括两层代币 Dai 稳定币，即为价值代币，MKR 是管理型代币和效用代币，参与管理系统。而内容社交媒体通证斯蒂姆币采用更为复杂的三层代币结构：STEEM、SteemPower（SP）和 SteemDollar（SMD）。其中，STEEM 是 Steem 区块链上账户的基本单位，进入或退出 Steem 平台的人必须出售 STEEM，可转化为 SP 或 SMD；SP 是一种权限通证，反映持有者的影响力，由 Steem 平台固定向 SP 利益相关者配置 STEEM，SP 转换回 STEEM 必须在 13 周后，SMD 可兑换货币，能够与 STEEM 交换，锚定美元，因此，从属性上划分，STEEM 和 SP 是管理代币，SMD 是价值代币。

4．通证经济的发展趋势

总体而言，**从技术完善角度设计的通证**，旨在解决信息隐匿性、技术推广、交易效率、能耗大等问题，这一类通证专注于解决区块链网络的技术难点，强调**技术创新和应用场景的普适性**，因此，**这类通证往往会选择一层代币结构**，如支付货币和以太坊为代表的底层技术开发平台等。而由于目前区块链

[一] 以太坊最初采用的是 POW，当前正在转为 POS。

技术的发展还不成熟，已有的共识机制、加密算法、激励方式存在局限性，未来通证发展的重要内容之一依然会是完善底层技术，因此，一层代币结构的通证仍会作为未来通证经济体系的重要组成部分。

对于服务于应用场景的通证，旨在通证经济在具体场景的落地，需要将具体应用的需求和通证经济的特点有机结合，这一类**通证追求区块链技术的应用能力**，因而会根据场景内容的不同做个性化的调整，因此，这类通证既可能选择一层代币结构，也可能选择多层代币结构。

当通证经济体系要求区块链社区稳定，减少市场投机行为、价格波动等影响时，一般会选择多层代币结构。多层代币结构包括两部分内容：管理代币和价值代币。管理代币对应为对区块链社区的管理权，价值代币是社区正常运行的"货币"基础。通证的价值属性和管理属性的分离目的在于减弱了通证（市场）交易对社区管理运营的影响，因此，以社区经营为场景的通证经济体系都适用多层代币结构，目前，多层代币结构的应用场景还比较少，但可以预期其在未来通证经济体系设计中的巨大潜力。

28.3 通证经济发展的"痛点"

从 2008 年比特币的推出，到 2018 年正式提出"通证经济"的概念[1]，通证经济经历多年的发展，在通证经济的底层区块链技术、应用领域、社会认可度以及外部投资环境等都有极大地提升和改善：从支付货币类通证"一家独大"到多种类通证"百花齐放"，从对区块链技术"糊里糊涂"，到如今"人人都在谈区块链"。但是通证经济在发展和应用过程中还存在许多难题。

28.3.1 区块链技术的发展尚不成熟

通证经济作为区块链技术重要的应用领域，其发展也受到区块链技术发展的限制，具体体现在两个方面。一方面，区块链底层技术尚不完善，还没有出现在去中心化、加强隐私保护、减少浪费、提高交易效率等方面都较为突出的技术体系和评价标准，前三者实际上被称为"区块链"技术的"不可能三角"。而拥有巨大算力的专用挖矿设备的投入对区块链技术去中心化的要求

---

[1] 2018 年被通证经济学派称为通证经济正式亮相的元年。

第 28 章
Token 经济及其发展模式

进一步提高。

另一方面，区块链技术的运营管理模式处于探索阶段。作为一种新兴的技术手段，改变了以往以信任背书的经济关系，因此，照搬一些成熟的运营管理模式会存在较大的风险。以社区治理为例，社区治理的本质是协调区块链网络人与人之间的关系，包括协调利益分配和成本分担。治理的工具包括链上治理工具如共识机制、硬分叉和软分叉，以及链下治理工具如社交媒体、线下会议和市值管理等[一]。社区治理的难点在于面向众多参与者时，如何就协议内容（无论是链上还是链下）快速达成一致，特别是存在分歧和利益不一致的时候。

28.3.2 通证项目落地进程艰难

从数量上看，支付货币类、通用平台类和应用类通证呈现"三足鼎立"的态势，但是从市值上比较，三类通证的差距是非常明显的。如图 28-3 所示，全球通证经济总市值 2,518.20 亿美元，支付货币类通证的总市值占比 63%，通用平台类占比 27%，而应用类通证占比不到 10%。通证经济以支付服务和去中心化的开发平台为主，以实际项目为应用场景的通证项目非常少，除内容、娱乐及广告和物联网技术以外，非金融类的通证仅为 1%，通证项目落地进程艰难。

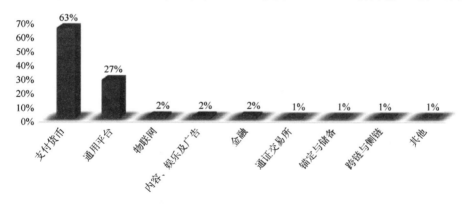

图 28-3 不同行业分类的通证市值占比（图片来源：Token Insight）

28.3.3 通证经济发展环境混乱，落地不确定性大

首先，市场环境混乱。通证经济对降低交易成本、加速价值实现有着非常美好的远景，加上对通证项目的监管缺失，很大一批创造者仅把通证经济作为筹集资金的手段，而不会沉下心思考虑通证经济的落地问题，也造就了所谓的

一 关于社区治理的内容有参考 https://www.jinse.com/bitcoin/232685.html。

"割韭菜"风波。

其次，通证经济落地不确定性大。通证经济体系的设计是一个多维度的问题，不仅涉及区块链技术，还涉及金融、制度设计、博弈论等各个方面。但是当前通证经济无论是基础设施，还是理论指导都不成熟，通证经济能否落地以及多久能落地，都存在很多不确定性，这无疑会使得投资人的信心不足，投资人对通证经济项目的态度越发保守。

28.4 小　　结

通证经济（Token Economy）是一种对"通证"（Token）进行管理的经济。其中，以区块链技术为基础的加密数字货币是通证的重要组成部分。它利用区块链技术防篡改、可追溯以及分布式记账等特点，实现通证在区块链网络上资质可验证、流通可追溯、个人隐私和交易数据安全可保证。其优势非常明显，一方面它扩大了产品或服务的供给渠道；另一方面，它可通过去中心化等手段加速价值的落地。围绕这一类通证，本文选取市值排名前 50 的通证，分别就其发展现状和发展模式展开讨论。

首先，本文从面向对象、代币结构、共识机制与发行方式、分配方式几个维度探讨通证的发展现状，得到以下结论：

（1）从数量上来看，**支付货币类、通用平台类和行业应用类分布相对均衡**，呈现"三足鼎立"的态势。

（2）从代币结构上看，**以一层代币为主，多层代币并行发展**。其中，支付货币类通证均为一层代币，二层代币包括五种代币，三层代币有一种。

（3）**共识机制和发行方式更加灵活**。在共识机制上，从比特币最早采用的工作证明机制 POW 逐渐发展到权益证明机制 POS 和拜占庭容错机制 BFT，到委托权利证明机制 DPoS 和委托拜占庭容错机制 DBFT，到将各共识机制组合的混合共识机制。在初始发行方式上，根据项目特点、社区经营和技术推广的需要，除了经典的挖矿释放外，其他手段被引入到推动通证初期的发展，包括预挖矿、ICO 众筹、风投、空投、打赏等。

（4）**激励方式多元化**。挖矿奖励和交易费用节点奖励依然在当前通证经济体系中扮演重要的角色，特别是支付货币类通证以及通用平台类通证。对于应用类平台通证，在激励方式上一般会根据通证项目的内容做个性化的调整。

第 28 章
Token 经济及其发展模式

（5）**社区治理融入通证经济体系的建设**。特别是对于通用平台类和应用类通证，社区治理机制在推动通证经济可持续发展中扮演着重要角色。

其次，本文梳理总结了目前通证经济发展模式。对以比特币为代表的通证经济体系的发展路径分为三类：一是从技术角度出发，解决信息隐匿性、交易效率、能耗大等问题；二是从拓展应用场景出发，将通证经济落实到更多的项目中；三是从减少市场扰动角度出发，即减少市场因素（如价格波动）对区块链社区的影响。具体来说，由一层代币结构发展为多层代币，**将通证的价值属性和管理属性剥离**，从而使得通证的价值波动不会影响区块链网络的正常运作。

同时，讨论了通证经济体系的未来发展方向：

（1）对于从技术完善角度设计的通证，专注于解决区块链网络的技术难点，强调**技术创新和应用场景的普适性**，因此，**这类通证往往会选择一层代币结构**，并且以一层代币结构为特点的支付货币类和底层技术开发平台类通证仍会作为主流发展的通证经济体系。

（2）**对于服务于应用场景的通证**，旨在**追求区块链技术的应用能力**，因而会根据场景内容的不同做个性化的调整，这类通证既可能选择一层代币结构，也可能选择多层代币结构。

（3）**当通证经济体系要求区块链社区稳定，减少市场投机行为、价格波动等影响时，一般会选择多层代币结构**。多层代币结构包括两部分内容：管理代币和价值代币。以社区经营为场景的通证经济体系都适用多层代币结构，目前，多层代币结构的应用场景还比较少，但可以预期其在未来通证经济体系设计中的巨大潜力。

最后，本文指出通证经济在发展和应用过程中的"痛点"：

（1）**区块链技术的发展尚不成熟**，表现为区块链底层技术尚不完善和区块链技术的运营管理模式不成熟。

（2）**通证项目落地进程艰难**。从市值上比较，支付货币类通证的总市值占比 63%，通用平台类占比 27%，而应用类通证占比不到 10%。除内容、娱乐及广告和物联网技术以外，非金融类的通证仅为 1%。

（3）**通证经济发展环境混乱，落地不确定性大**。表现为两个方面，1）通证创始人仅把通证经济作为筹集资金的手段，而不思考虑通证经济的落地问题。2）通证经济能否落地以及多久能落地都存在很多不确定性。

结 束 语

自中本聪在 2008 年发表《比特币：一种点对点的电子现金系统》以来，区块链技术发展至今不过短短十年时间。然而在这十年间，无数的区块链项目如雨后春笋般陆续出现，市场、舆论也经历了沉寂和喧哗的多次周期。有人热烈拥护区块链技术，并将之视为信仰；亦有人对此不屑一顾，认为再过一段时间，所有项目都将归零。

无论毁誉，我们必须承认的是，区块链技术真真切切地改变了我们对金钱的思考方式，改变了我们对经济、社会的观察方式。它提供了一种可能性，使我们得以想象一种人与人之间新的关系、新的社会组织形态；它确实把一种价值观通过技术传播开来。

尽管媒体上已有许多观察和许多判断，然而站在今日，我们依然无法对区块链的未来做绝对肯定的预测。但毋庸置疑的是，读者阅毕本书，区块链的火炬又多照亮了一个地方。

不得不说，读到这里，对技术细节的执着、对应用的思考，或许都可暂时放下。中本聪留给人们最大的财富，未必是比特币本身，或许应是想象一种可能性的勇气。我们真诚希望读者对区块链技术有一个总体把握之后，能够秉持这种勇气，继续向历史的空白处、向科技的肯綮继续探索、大步迈进。归根到底，区块链的浪潮连接技术与应用，更连接今天与未来。

附录 具有代表性的通证项目

代币名	对象	代币结构	发行方式	分配方式	其他说明
BTC-比特币	支付货币	一层，BTC	POW，2100 万，团队占比为 0%，挖矿，PoW	交易费节点奖励 BTC	SHA-256 共识算法
ETH-以太坊	公用开发平台；智能合约、DAPP 平台	一层，ETH	1 亿（可增发），ICO，挖矿，PoW，初始发行占比：购买者 83.5%；8.26% 早期贡献者分配；8.26% 长期捐赠；每年发行总量 9.9%ETH 分配给早期贡献者；9.9%ETH 分配给长期研究项目；26% 矿工挖矿获得；无社区治理机制	交易（消耗 Gas）费用区块奖励与叔块奖励 ETH（改为 POS 后，挖矿获得部分收益）；恶意节点受到惩罚	
XRP-瑞波币	（支付货币）Ripple 网络的唯一通用货币	一层，XRP	POS,1000 亿 XRP；77%Ripple Labs 持有，其中 550 亿会逐步捐赠，发币方式：对社区用户的免费赠送，WCG 挖矿，大户批发，对内部员工以工资形式发放，对合作机构的免费赠送		
BCH-比特现金	支付货币	一层，BCH	POW，21,000,000BCH，挖矿	交易费用奖励验证节点	Bitcoin 分叉
EOS-柚子	智能合约、DAPP 平台	一层，EOS	BFT-DPoS，ICO，初始发行：20 亿 EOS，其中 1 亿为 block.one 团队持有，每年增发不高于 5%	提案奖励、超级节点奖励 EOS	
LTC-莱特币	支付货币	一层，LTC	POW，8400 万，团队占比 0%		Scrypt 共识算法，Bitcoin 分叉
ADA-艾达币	通用平台	一层，ADA	POS, 450 亿，57.6% 众筹，11.5% 实体分发：IOHK, Emurgo 以及 Cardano 基金会，30.9% 财政系统（即国库系统，通证持有者可通过投票决定）	交易费节点奖励 ADA	Ouroboros 算法的 POS
XLM-恒星币	支付货币	一层，XLM	Stellar Consensus Protocol，1000 亿+1%/年，5% 留作运营费用恒星币运营，95% 用于免费发放，其中 50% 通过直接分发计划分配给全世界，25% 通过增加覆盖计划分配给非营利组织，以给予金融服务匮乏的人群，20% 通过比特币计划分配		用户能够通过其转账任意一种货币

区块链浪潮：
连接技术与应用

（续）

代币名	对象	代币结构	发行方式	分配方式	其他说明
NEO-小蚁	智能合约管理数字资产	两层代币：NEO 和 NeoGas（GAS）；NEO 是管理代币，用于对 NEO 网络的管理权，管理权包括投票进行记账人选举、NEO 网络参数更改等；GAS 是燃料代币，用于对 NEO 网络使用时的资源控制	DBFT，总量 NEO1 亿份；GAS 上限为 1 亿，尚未生成。NEO5000 份 ICO，5000 份 NEO 理事会，不进入交易所，仅支持 NEO 项目。GAS 伴随新区块生产而产生；链上治理与链下治理	NEO 网络对代币转账和智能合约的运行和存储通过支付 GAS 收费	
MIOTA-埃欧塔	物联网开发平台	一层代币 IOTA	全部众筹，2780 万亿个，交易发起人验证	IOTA 由创世区块产生	
XMR-门罗币	支付货币	一层，门罗币	POW，1844 万，挖矿或交易所购买	挖矿，交易费用奖励	CryptoNote 的核心算法，基于新数字环签名的一种数字货币
DASH-达世币	支付货币	一层，DASH	POW+Masternodes,1890 万，	区块奖励分为：45%分给矿工，用于加强网络安全，45%分给主节点，用于提供混币、即时支付等服务，10%分给预算系统	混币 CoinJoin
TRX-波场	自由内容娱乐体系	一层，TRX	1000 亿，40%公开发售，15%私募，35%属于 TRON 基金会和相关生态系统，剩余 10%份额归属早期支持陪我欢乐（北京）科技有限公司		
XEM-新经币(NEM)	支付货币、通用平台	一层，XEM	POI（重要性证明），90 亿，在发布的最初就将所有的新经币发行完成，分别分发给 1500 个创世所有者账户，市场推广、运营费用、开发、节点奖励	交易费节点奖励	
USDT-泰达币	外汇储备、与美元挂钩	一层，USDT	Proof of Reserves，即（美元）储备证明机制	锚定美元, 对冲风险	
VeChain-唯链	通用平台	两层：VET+THOR Power（新推出），VET 智能支付货币，旨在实现价值在唯链区块链生态内的快速循环，THOR Power 代表使用唯链区块链的基本成本	POA，10 亿，项目代币：10 亿，ICO41%，私募投资人 9%，企业投资人 23%，创始团队+开发团队 5%，持续经营及技术发展 12%，商业落地推广 10%	交易付费, 节点奖励	

附录
具有代表性的通证项目

（续）

代币名	对象	代币结构	发行方式	分配方式	其他说明
ETC-以太经典	通用平台，侧重物联网	一层，ETC	POW，5,000,000 区块为 1 纪元，新纪元固定奖励递减 20%	固定奖励、叔块奖励和 Gas 奖励	无代码层面的社区治理
BNB-币安币	交易所平台代币	一层，BNB	2 亿，50%ICO，40%创始团队，10%天使融资	抵扣手续费、回购、打赏	
QTUM-量子链	DAPP 平台	一层，Qtum	POS; 1 亿; 初始发行: 20%分配给创始团队、私募投资，9%用于学术研究、教育与市场扩张，51%用于社区众筹；DGP 智能合约控制	挖矿，交易费用	
OmiseGO	支付货币	一层，OMG	POS 总发行量 1.4 亿 OMG，VC+ICO，融资上限为 2500 万美元	交易费用奖励验证节点；支付和兑换费用用于支付网络上的活动费用并激励诚实的活动	支付处理商、网关以及金融机构之间协调
XVG（Verge）	支付货币类	一层，XVG	POW，165.55 亿，初次发布 90 亿，之后每年 10 亿，交易所购买、社交平台打赏、App 购买等，无预挖矿	会根据生成的区块总量来重新计算奖励	支持 scrypt, X17, lyra2rev2, MYR groestl, blake2s 多算法挖矿
ONT-本体	通用平台	两层代币: ONT 和 ONG; ONG 分发给 ONT 的即时持有者。ONG 激励（交易消耗），ONT 抵押参与共识	VRF-POS-DBFT（Verifiable random function），10 亿，无公开众筹，核心团队 15%，生态合作拓展 25%，技术社区 10%，NEO 理事会 10%，机构合作和商业伙伴 28%，早期社区参与者 12%	节点抵押激励、ONT 激励曲线	线下理事会负责战略技术决策与执行，小额度的 ONT 参与者可以通过委托质押的方式参与治理节点，以获得分配奖励
ICON	Dapp 平台、智能合约	一层，ICX	LFT, 800,460,000ICX, 50%用于众筹 ETH，始创者 14%，社区和战略伙伴 10%，团队和早期贡献者 10%，预留 16%	交易费用，收入分配：战略伙伴 10%，技术公司 20%，保留 35%，运营 12%，市场推广 8%，商业发展 15%	
LSK-应用链	通用平台，DAPP, 跨链与侧链	一层	DPoS，约 1.2 亿，ICO 比特币，交易所购买比特币	交易费用	
BTM-比原链（Bytom）	金融、资产上链平台	一层，BTM	POW，21 亿，私募 7%，ICO30%，基金会 20%（ICO 结束后的一年内全部冻结，之后分为四年分期解冻，每年解冻 5%）。商业拓展 10%，挖矿份额 33%	跨链资产交易费用及分红	
NANO-纳诺	支付货币	一层，Nano	DPoS, 1.33 亿，团队 5%，空投 50%，项目运作 45%，无矿工		零交易费与瞬间转账，DAG 技术

区块链浪潮：
连接技术与应用

（续）

代币名	对象	代币结构	发行方式	分配方式	其他说明
Zcash-大零币	支付货币	一层，ZEC	首例零知识证明机制，2100万，公募300万美元风投，20%分配给投资人、开发商和基金会，挖矿	挖矿	
BTG-比特黄金	支付货币	一层，BTG	POW，开发团队保留预挖区块100,000 BTG（后删除）	挖矿	BTC分叉，Equihash算法
STEEM-斯蒂姆币	（内容）社交媒体	三层 STEEM，SteemPower (SP)，SteemDollar(SMD)；Steem 是 Steem 区块链上账户的基本单位，进入或退出 Steem 平台的人必须出售 STEEM，可转化为 SP 或 SMD；SP 权限通证（长期资本承诺），由 Steem 平台固定向 SP 利益相关者持有的每1STEEM 配置9STEEM，SP 转换回 STEEM 只能在 2 年后（后调整为 13 周）；SMD 可兑换货币，能够与 STEEM 交换，锚定美元	Aligned Proof-of-Brain，总量无定义，现发行总量约 2.92 亿 Steem	75%进入激励池，以后分给发文章和点赞写评论的人，15%奖励给 SP 持有者，10%奖励给数据节点（矿工、数据节点）	石墨烯技术
BTCP	支付货币	一层，BTCP	2100 万，POW，众筹 5 万 Zclassic 到基金会，交易所上市50%，开发25%，市场营销15%和一般行政10%		BTC分叉，Equihash算法，基金会治理
HT-火币全球通用积分	通证交易所	一层，Huobi Token	5 亿 HT，赠送100%：三亿用于购买点卡套餐（类似手机充值卡）赠送，每日限量；一亿用于用户奖励和平台运营，一亿用于团队激励，锁定期四年，每年2500 万。HT 购买 VIP 和充当保证金	火币每个季度会拿出营收的 20%用于流通市场回购	
PPT (Populous)	票据金融交易	一层，PPT	5,325 万，ICO		
BTS-比特股	通证交易所	一层	37 亿，DPoS，众筹		
BCN-字节币	支付货币	一层	PoW，1844.6 亿，挖矿	出块奖励 Base Reward = (MSupply - A)/2 的 18 次方	第一个基于 CryptoNoto 技术
SC-云储币	Sia 云存储（数字存储）	一层，Siacoin	Proof of Storage，450 亿	存储空间换取 SC	
DGD-黄金代币	金本位金融	一层	Proof of Audit，200 万，ICO，以黄金价格背书	交易费奖励代币持有人	

附录
具有代表性的通证项目

（续）

代币名	对象	代币结构	发行方式	分配方式	其他说明
STRAT	通用平台类	一层，STRAT	POS, 0.98 亿		
DOGE-狗狗币	支付货币（小费慈善）	一层	POW, 无定义，初始发行：众筹和风投，挖矿		Scrypt算法
WAVES-波币	通用平台	一层	（租用 POS）LPOS, 1 亿，ICO	节点奖励	
DCR	支付货币	一层	PoW + PoS, 21000000，无 ICO, 8%被预挖，其中 4%用于空投给预先登记空投活动中选定的个人，成本大概为 0.75 美元。剩下的 4%用于支付 DCR 团队的开发成本和个人开发项目的初始资金	挖矿奖励，60%新挖的代币属于 PoW 矿工，30%属于 PoS 投票者。剩下的 10%属于项目发展补贴	使用 Blake-256 散列算法
MKR	金融股票	两层，Dai 稳定币，锚定美元，MKR 是管理型代币和效用代币，用来支付借 Dai 的稳定费用以及参与管理系统	POW, 1 亿个 MKR 供给，其中 53 万 MKR 在市场流通，截至 2017 年 11 月 5 日，47 万 MKR 保留在 Maker 开发基金会，Ethereum 区块链	区块链的股票	
AE	通用平台	一层	POW/PoS, 2.7 亿，ICO, 82%用于销售，17%用于基金会、创始团队等，赏金计划 1%	挖矿奖励	
ZIL	通用平台	一层	PBTF, 210 亿, 40%即 84 亿枚由挖矿产生，30%即 63 亿归投资者和早期贡献者，这部分不锁仓，已全部进入市场流通，剩下 30%归团队、公司和机构；众筹，共获得价值为 2200 万美元的 ETH	挖矿奖励	分片技术
WC-云尊币	支付货币	一层	POS-POW, 4.5 亿，公司 10%，市场投入 5%，技术人员 5%，研发 20%，流通 60%		SCRYPT算法
SNT	社交网络	两层：创世代币（SGT）+网络代币（SNT）	68.05 亿，公开众筹参与者 41%、SGT 代币持有者 10%、核心开发者 20%、未来利益相关者储备 29%		
LRC-路印协议	区块链资产交易所	一层，LRx	14 亿，ICO，代币订单撮合费用	手续分成，利润比例	
ZRX-0x 协议	促进代币交易，通证交易所	一层，ZRX	10 亿		
AION	通用平台（跨链和侧链）	一层	4.65 亿，BFT/POW，团队拥有 20%，加母公司 nuco 拥有 20%，合计 1.85 亿枚。市场流通 60%，私募		
KMD-科莫多币	支付货币	一层	1 亿，允许选择正常的与匿名（零知识证明）的交易，dPoW（延时工作量证明），ICO		提供定制区块链解决方案
REP	预测市场	一层	1100 万，众筹，有 8,800,000 返还给众筹时参与的用户，有 2,200,000 用于团队和社区建设经费	事件预测，诚实 REP 持有者获得交易费用